SAVOIR DIRE

Cours de phonétique et de prononciation

SAVOIR DIRE

Cours de phonétique et de prononciation

Diane M. Dansereau
University of Colorado at Denver

With the Assistance of Language Consultant
Avigail Azoulay-Vicente
Massachusetts Institute of Technology

D. C. HEATH AND COMPANY
Lexington, Massachusetts   Toronto

Acquisitions Editor: Denise St. Jean
Developmental Editor: Cynthia Swain
Production Editor: Renée Mary
Production Coordinator: Michael O'Dea
Text Permissions Editor: Margaret Roll

Sources

Articles utilisés

Published simultaneously in Canada.

Printed in the United States of America.

International Standard Book Number: 0-669-20996-1.

Library of Congress Catalog Card Number: 89-82765.

20 19 18 17 16 15 14 13 12

Avant-propos

LE COURS: BUTS ET MÉTHODES

Ce livre a été conçu pour une utilisation dans le cours de phonétique et de prononciation généralement offert en troisième année d'études de français au niveau universitaire aux États-Unis. Son objectif principal est d'aider l'étudiant anglophone à améliorer sa prononciation de la langue française. À cette fin, nous visons à enseigner non seulement les sons (voyelles, consonnes, semi-voyelles), mais aussi la prosodie, c'est-a-dire les phénomènes de la langue parlée portant sur des segments qui se situent au-delà du niveau des sons, phénomènes tels que l'intonation, l'accent, la division syllabique et le rythme. Ce sont précisément les nuances au niveau prosodique qui permettent souvent de distinguer la prononciation d'un Américain qui parle bien la langue française de celle d'un Français.

Étant donné les divers aspects de l'enseignement de la phonétique mentionnés ci-dessus, nous procédons de la manière suivante:

Nous décrivons l'articulation des sons, c'est-à-dire la manière dont les sons sont produits par les organes de la parole.

Nous enseignons les symboles de l'alphabet phonétique international (API) qui correspondent aux sons du français. Ces symboles sont très importants parce qu'ils constituent une notation non ambiguë qui reflète les différences entre les sons en français. L'étudiant pourra donc tout d'abord comprendre, puis entendre ces différences de prononciation, ce qui l'aidera dans son travail de prononciation. De plus, la connaissance des symboles phonétiques sera utile à l'étudiant, qui pourra ainsi lire correctement les mots inconnus à partir de leur transcription phonétique dans le dictionnaire.

Nous comparons les systèmes des sons et de la prosodie du français aux systèmes équivalents en anglais.

Nous présentons les rapports entre son et graphie, surtout pour les consonnes, car c'est là que l'étudiant anglophone a le plus de difficultés à identifier le son à partir de l'écrit.

Nous expliquons les règles de prononciation en tenant compte de l'environnement phonologique. Nous traitons par exemple des règles établissant la distinction entre syllabes «ouvertes» et syllabes «fermées», celles qui concernent les voyelles «d'aperture moyenne», et celles qui concernent les voyelles «toniques» et «prétoniques».

Nous mentionnons les exceptions principales à ces règles, en dressant une liste des groupes de mots individuels dont la prononciation diffère de celle prévue par les règles.

La description contenue dans ce livre est donc nécessairement linguistique et théorique, puisque la compréhension des phénomènes aide l'étudiant dans la réalisation du but pratique que nous visons: l'amélioration de sa prononciation. Nous avons choisi d'écrire le livre en français, ce qui contribue également à l'amélioration des connaissances de l'étudiant, dans le domaine de la lecture aussi bien qu'en grammaire. Et, puisqu'il s'agit de prononciation, le livre s'accompagne d'un programme d'exercices oraux enregistrés sur cassettes que l'étudiant doit faire tout en progressant dans le texte.

LE LIVRE: FORMAT ET EMPLOI

La première tâche de l'étudiant de phonétique est de mémoriser les symboles de l'alphabet phonétique international qui correspondent aux sons du français standard, d'où les quatre phrases d'illustration du premier chapitre. Ces phrases contiennent tous les sons du français standard; donc en les mémorisant, on apprend la relation entre ces sons et les symboles phonétiques qui les représentent. Dans ce premier chapitre, l'étudiant commencera aussi à se familiariser avec les grands traits de la prosodie française.

La prosodie et les sons individuels seront ensuite étudiés en détail. Les nombreux exercices écrits qu'on trouvera dans le livre (et dans les Appendices) peuvent être ramassés pour une correction individuelle ou corrigés en classe. Les phrases et les textes des exercices oraux dans chaque chapitre et dans les Appendices C et D peuvent être appris par cœur, présentés en classe, ou simplement répétés.

Tous les renseignements donnés dans ce livre sont basés sur des études linguistiques récentes, dont une liste complète se trouve dans la Bibliographie. Ces lectures supplémentaires donnent la source de ces renseignements et fournissent aussi à l'étudiant intéressé à la linguistique la possibilité d'approfondir ses études de phonétique.

LA LANGUE PARLÉE

Quand on considère la langue française parlée, les possibilités de variation de la prononciation sont énormes et dépendent de facteurs géographiques, sociaux et stylistiques. Dans ce livre nous décrivons la langue parlée «standard», c'est-à-dire le français de la région parisienne, des classes cultivées et de la conversation soignée (ce qu'on appelle «le bon usage»).

Ceci dit, il faut aussi reconnaître qu'une langue parlée est vivante, dynamique. Il s'ensuit que, dans certains cas, l'usage de la prononciation «standard» tend à diminuer, tandis que dans d'autres cas, la prononciation encore considérée comme «non-standard» devient de plus en plus fréquente. Nous tenons compte de cette nature changeante de la langue parlée. Ainsi indiquons-nous les variantes qui sont répandues mais encore non-standard: [ɛ̃] pour «un», [a] dans *pâte*, [e] dans *parlerais*. Par ailleurs, nous ne négligeons pas certains usages encore standard mais qui sont en train de disparaître, notamment le [œ̃] et le [ɑ] ainsi que le [ɛ] dans une syllabe ouverte. Finalement, nous insistons sur les variations stylistiques qui interviennent dans l'emploi du *e muet* et de la liaison. Tous ces détails permettent à l'étudiant de comprendre les nombreux types de prononciation (tous plus ou moins standard) qu'il entendra.

REMERCIEMENTS

Je tiens à exprimer ma gratitude à ceux et à celles qui m'ont apporté leur concours en me donnant tant de suggestions valables lors des évaluations du livre en manuscrit:

Corinne Anderson, University of Kansas, Lawrence

David Birdsong, University of Florida, Gainesville

Patricia Brand, University of Colorado

Jeff Chamberlain, George Mason University (VA)

Signe Denbow, Western Michigan University

Elwood Hartman, Washington State University

John Earl Joseph, University of Maryland

Madeleine Korol-Ward, U.C.L.A.

Stan McCray, University of Maryland, Baltimore County

Joel Walz, University of Georgia, Athens

Je voudrais remercier en particulier Pierre Otto et Joëlle Suel, sans lesquels je n'aurais pas pu réaliser la première version du livre et des exercices oraux, et Avigail Azoulay-Vicente (Massachusetts Institute of Technology) pour sa lecture détaillée des dernières versions du livre.

Il faut aussi signaler et remercier la rédaction du Département des Langues Modernes de D. C. Heath and Company. Denise St. Jean, Cynthia Swain, et Renée Mary m'ont prêté assistance, m'ont donné de la critique constructive et judicieuse et m'ont offert des observations sensées à tous les stages dans la préparation de l'ouvrage imprimé qu'est *Savoir dire*.

Diane M. Dansereau

Table des matières

Certains autres sons prononcés en anglais (américain standard) et employés dans ce livre 202

Liste des figures

Liste des tableaux

Première Partie

LES SYMBOLES PHONÉTIQUES ET LA PROSODIE

Chapitre 1

Les Organes de la parole et les symboles phonétiques

LES ORGANES DE LA PAROLE

On ne peut pas parler de sons sans parler des organes de la bouche et de la gorge, où ces sons sont articulés. Il faut aussi connaître les adjectifs qui décrivent les sons par rapport à chaque lieu d'articulation. Voici la liste des organes de la parole et des adjectifs correspondants. Pour la représentation graphique de ces organes, voir figure 1.1.

LES QUATRE PHRASES

Chaque son de la langue française, voyelle, consonne ou semi-voyelle, est représenté par un symbole de l'alphabet phonétique international (API). La liste des sons du français se trouve dans l'appendice A. Pour apprendre ces sons et leur représentation en symboles phonétiques, nous allons étudier quatre phrases.

Phrase 1

Patrick et sa femme Annick | habitent à Lille |
mais ils passent le mois de février |
chez sa mère, | qui est parisienne. |

[pa tri ke sa fa ma nik a bi ta lil
mɛ il pas lə mwa də fe vri je
ʃe sa mɛr ki ɛ pa ri zjɛn]

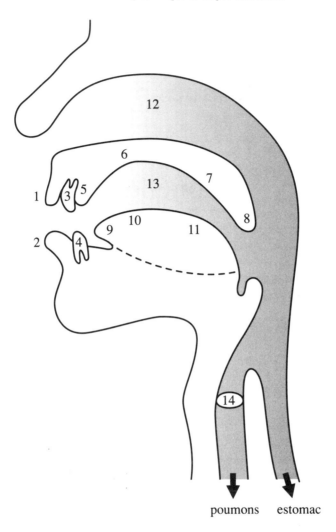

poumons   estomac

1. la lèvre supérieure (labial)
2. la lèvre inférieure (labial)
3. les dents supérieures (dental)
4. les dents inférieures (dental)
5. les alvéoles (alvéolaire)
6. le palais dur (palatal)
7. le palais mou / le vélum (vélaire)

8. la luette / l'uvula (uvulaire)
9. la pointe de la langue (apical)
10. la partie antérieure de la langue
11. le dos de la langue (dorsal)
12. la cavité nasale (nasal)
13. la cavité buccale (oral)
14. les cordes vocales (voisé)

Figure 1.1
Les organes de la parole.

Choses à remarquer sur la notation phonétique

◆ Les symboles phonétiques s'écrivent toujours entre crochets: «parisienne» = [pa ri zjɛn].

◆ Seuls les sons prononcés sont notés en symboles phonétiques. Par exemple:

> Les deux lettres *ai* forment un son unique, qui dans le mot «m*ai*s» est [ɛ].
>
> Deux consonnes écrites (*ck*) donnant un son unique seront représentées par un seul symbole phonétique ([k]).
>
> Les lettres écrites mais non prononcées ne sont pas transcrites en symboles phonétiques: «passent» = [pas].

◆ Les voyelles contenues dans cette première phrase sont les suivantes:

> [a] dans P*a*trick, s*a*, *A*nnick, h*a*bitent, *à*, p*a*ssent, m*oi*s ([wa]), p*a*risienne, f*e*mme (une prononciation exceptionnelle)
>
> [i] dans Patr*i*ck, Ann*i*ck, hab*i*tent, L*i*lle, *i*ls, févr*i*er, qu*i*, par*i*sienne
>
> [e] dans *e*t, f*é*vrier, ch*e*z
>
> [ɛ] dans m*ai*s, m*è*re, *e*st, parisi*e*nne
>
> [ə] dans l*e*, d*e*

◆ Les semi-voyelles que nous trouvons dans cette phrase sont

> [j] dans févr*i*er, paris*i*enne
>
> [w] dans m*oi*s ([mwa])

◆ Les sons consonantiques [*p, t, r, s, f, m, n, b, l, v, d*] sont représentés par des symboles phonétiques qui ont la même forme que les lettres alphabétiques correspondantes.

◆ Remarquez aussi les consonnes suivantes:

> [k] dans Patri*ck*, Anni*ck*, *q*ui
>
> [ʃ] dans *ch*ez

Choses à remarquer dans la phrase entière

La syllabation ouverte: La tendance à terminer la syllabe en français par une voyelle (même à la jonction de deux mots) apparaît dans la transcription phonétique de la phrase 1: [pa tri ke sa fa ma nik]. On voit aussi cette syllabation, dite «ouverte», dans «Il est arrivé» [i lɛ ta ri ve]. Notez qu'en anglais, on préfère une syllabation «fermée», c'est-à-dire, la formation de syllabes dans lesquelles le dernier son est une consonne.

Comparez le mot anglais «prob-lem-at-i-cal» [CCVC-CVC-VC-V-CVC] au mot français «pro-blé-ma-tique» [CCV-CCV-CV-CVC] (où C est une consonne prononcée et V une voyelle prononcée). Il faut ajouter toutefois que la syllabe dite «fermée» (c'est-à-dire, terminée par une consonne pro-noncée) n'est pas impossible en français. Elle se trouve même avec régu-larité: «Il n'a pas dé tact» [il na pad takt]. Ce qui est important pour la syllabation française, c'est que — *où c'est possible* — la consonne se prononce avec la voyelle qui la suit. Par exemple:

Il aime [i lɛm] *mais* Il passe [il pas]

Pour les détails sur la syllabation, voir chapitre 2.

Les groupes rythmiques: En français, le groupe rythmique est l'unité supérieure à la syllabe. On appelle *groupe rythmique* ou *mot phonétique* un groupe de mots qui forme une unité grammaticale; par exemple:

un groupe nominal: Patrick et sa femme Annick

une groupe verbal: habitent à Lille

un groupe prépositionnel: chez sa mère

Un groupe rythmique typique n'a pas plus de sept syllabes. Si l'unité grammaticale est plus longue, on peut la diviser en deux (ou plusieurs) groupes rythmiques.

L'intonation: L'intonation monte légèrement à la fin de chaque groupe rythmique à l'intérieur de la phrase, mais elle tombe à la fin du dernier groupe de la phrase. On marque l'intonation montante et descendante par des flèches. (On trouvera une discussion plus détaillée de l'intonation au chapitre 2.)

Patrick et sa femme Annick | habitent à Lille |

mais ils passent le mois de février | chez sa mère, |

qui est parisienne. |

Remarquez que la division en groupes rythmiques peut varier selon le locuteur et le niveau de langue. Par exemple, dans le cas de la phrase ci-dessus, si on parlait plus rapidement, on pourrait dire:

Patrick et sa femme Annick habitent à Lille |

mais ils passent le mois de février chez sa mère, |

qui est parisienne. |

L'accent tonique: On ne prononce qu'un accent dans chaque groupe rythmique, et celui-ci tombe toujours sur la dernière syllabe du groupe. L'accent tonique est plutôt un accent de *durée* (comparé à l'accent tonique en anglais, qui est plutôt un accent d'*intensité*). Toutes les syllabes du groupe rythmique en français se prononcent donc plus ou moins avec la même longueur et la même intensité, excepté la dernière, qui est plus longue. L'égalité des syllabes ainsi que l'existence d'un seul accent tonique sur la dernière syllabe du groupe donnent au rythme de la langue française un caractère très mesuré et en font un rythme qui est très différent de celui de la langue anglaise. (Pour plus de détails sur l'accent tonique et le rythme du français, voir chapitre 2.) Seules les syllabes soulignées dans la phrase suivante portent l'accent tonique:

Patrick et sa femme An<u>nick</u> | habitent à <u>Lille</u> |

mais ils passent le mois de fé<u>vrier</u> | chez sa <u>mère</u>, |

qui est pari<u>sienne</u>. |

EXERCICES D'APPLICATION

Exercice oral (cassette 1A)

Répétez la phrase 1 après le modèle. Faites bien attention à la prononciation des sons individuels et aussi à l'intonation, à l'accent tonique, à la syllabation et aux groupes rythmiques. Ensuite, répondez aux questions orales.

Exercices écrits

Exercice 1 Divisez les phrases suivantes en groupes rythmiques, et marquez l'intonation par des flèches. Ensuite, répétez chaque phrase à voix haute.

1. La femme de Patrick habite à Lille avec son mari.

2. La mère de Patrick habite à Paris, mais elle voyage beaucoup.

3. Patrick est parisien et il a grandi à Paris, mais il habite maintenant à

   Lille avec sa femme Annick.

Exercice 2 Transcrivez les phrases suivantes à l'aide de symboles phonétiques. Ensuite, répétez chaque phrase à voix haute.

1. La mère d'Annick va à Lille avec Patrick et sa femme.
2. Annick n'est pas parisienne; elle est de Lille.

3. La mère de Patrick habite à Paris.

4. Patrick passera chez sa mère avec sa femme Annick ce février. Il visitera Paris.

Exercice 3   Transcrivez les mots et les phrases suivants à l'aide de symboles phonétiques. Ensuite, répétez chaque expression à voix haute.

1. si, ces, cette, ça, ce

2. mie, mes, mette, ma, me

3. lit, les, laide, là, le

4. chiche, chez, chaise, chat, chemise

5. Cécile a six livres difficiles.

6. Papa est là-bas à Tahiti.

7. Hervé cherche les clés de René.

8. Elle a les sept chaises vertes chez elle.

9. Hélène amène sa fille à la Place de l'Étoile.

10. Philippe va chercher sa camarade Sylvie à Paris.

Exercice 4   Écrivez les phrases qui correspondent aux symboles phonétiques suivants.

1. [ma ʃɛr fam na pa də plas]

2. [la fi ja fi ni də sə la ve le pje]

3. [wi i lɛ pɛr də ʃa mij]

4. [ma mɛ re me frɛr pa tri ke ʃarl a ri va mi di]

5. [lə ma ri də sa sœr tra va ja pa ri]

6. [ka trə də mwa zɛl ti mid ʃer ʃa par tir]

7. [rə gar de lə ʃa də ma fij]. [il sə lav le pat]

Phrase 2

Pourquoi veux-tu que ma sœur Agnès, |

qui est une jolie jeune fille, |

ne vienne pas trop chez nous? |

[pur kwa vø ty kə ma sœ ra ɲɛs

ki ɛ tyn ʒɔ li ʒœn fij

nə vjɛn pa tro ʃe nu]

Choses à remarquer sur la notation phonétique

◆   Nouvelles voyelles:

> [y] dans t*u*, *u*ne
>
> [ø] dans v*eu*x
>
> [œ] dans s*œu*r, j*eu*ne
>
> [u] dans p*ou*rquoi, n*ou*s
>
> [o] dans tr*o*p
>
> [ɔ] dans j*o*lie

◆   [ø], [œ] et [ə]: La prononciation de la voyelle [ə] ne diffère pas beaucoup de celle de la voyelle [œ]. Une discussion détaillée de cette
dernière voyelle, qu'on appelle «*e* muet», se trouve au chapitre 5. Pour
le moment, il suffit de savoir que le son [ə] est presque toujours
représenté dans la langue écrite par la lettre *e*, tandis que les sons [œ]
et [ø] sont représentés par les lettres *eu*. On prononce normalement le
son [œ] si la combinaison de lettres *eu* est suivie d'une consonne
prononcée dans la même syllabe (syllabe «fermée»): s*œu*r [sœr], j*eu*ne
[ʒœn]. Par contre, les lettres *eu* se prononcent presque toujours [ø]
dans une syllabe «ouverte», c'est-à-dire, dans une syllabe dont le
dernier son est une voyelle: c*eu*x [sø], j*eu*x [ʒø]. (Pour les exceptions
et les détails, voir chapitre 3.) Étudiez les exemples suivants.

ce [sə]	de [də]
ceux [sø]	deux [dø]
sœur [sœr]	d'heure [dœr]

Mais remarquez l'exception suivante: monsieur [mə sjø].

◆   Nouvelles consonnes dans la phrase 2:

> [ɲ] dans A*gn*ès
>
> [ʒ] dans *j*olie, *j*eune

Choses à remarquer dans la phrase entière.

Notez la tendance à la syllabation ouverte dans la phrase 2: [ma sœ ra ɲɛs
ki ɛ tyn …]. Remarquez aussi, dans la représentation qui suit, l'accent
tonique à la fin de chaque groupe rythmique (syllabe soulignée), l'intonation montante de chaque groupe rythmique à l'intérieur de la phrase et
l'intonation descendante à la fin de la phrase (bien que ce soit une question).

> Pourquoi veux-tu que ma sœur A͟g͟n͟è͟s͞, |
>
> qui est une jolie jeune f͟i͟l͟l͟e͞, |
>
> ne vienne pas trop chez n͟o͟u͟s͞? |

EXERCICES D'APPLICATION

Exercice oral (cassette 1A)

Répétez la phrase 2 après le modèle. Faites bien attention à la prononciation des sons individuels et aussi à l'intonation, à l'accent tonique, à la syllabation et aux groupes rythmiques. Ensuite, répondez aux questions orales.

Exercices écrits

Exercice 1   Divisez les phrases suivantes en groupes rythmiques, et marquez l'intonation par des flèches. Ensuite, répétez chaque phrase à voix haute.

1. Agnès veut que sa sœur Suzanne, qui habite à Nice, vienne chez elle

    cet automne.

2. Pourquoi ne veux-tu pas parler avec ma sœur qui est avocate?

3. À quelle heure arrive le car de l'ouest du pays?

4. Le TGV de Paris arrivera à neuf heures du soir parce qu'il n'a quitté

    la gare d'origine qu'à trois heures de l'après-midi.

Exercice 2   Transcrivez les phrases suivantes à l'aide de symboles phonétiques. Ensuite, répétez chaque phrase à voix haute.

1. Agnès veut que sa sœur vienne chez elle.
2. Annick et Patrick ne viennent pas chez nous parce qu'Agnès passe l'été chez eux.
3. Annick est triste qu'Agnès, la sœur cadette de Patrick, ne veuille pas passer l'été chez eux cette année.
4. Le vieux a gagné le pari.
5. J'ai lu que le jeune homme malheureux est paralysé; il ne peut plus bouger ses pieds.

Exercice 3   Transcrivez les mots et les phrases suivants à l'aide de symboles phonétiques. Ensuite, répétez chaque expression à voix haute.

1. su / ceux / sœur   bu / bœufs / bœuf
   vu / veux / veulent   eu / œufs / œuf

  2. jupe / jeu / jeune   fou / faux / folle
       boue / beau / botte   chou / chaud / choc

  3. mou / maux / molle   tout / tôt / tonne

  4. Je n'aime pas le neveu de Monsieur LeBœuf.

  5. Tu as eu mal?

  6. Elle aime les yeux bleus de ce vieux monsieur.

  7. La jeune sœur du professeur est docteur.

  8. Tous les jours vous jouez comme des fous.

  9. Au tableau, il y a des mots.

10. La jolie bonne donne du fromage à l'homme.

Exercice 4 Transcrivez les phrases de l'exercice 1, ci-dessus, à l'aide de symboles phonétiques.

Exercice 5 Écrivez les phrases qui correspondent aux symboles phonétiques suivants.

  1. [il fɛ ʃo sɛ ta prɛ mi di nɛ spa]

  2. [wi ʒe ʃo mwa]

  3. [ʒɔ ʃɛr ʃɛ me klɛ mɛ ʒə nə le ze pa tru ve e las]

  4. [lə pə ti ta ɲo a pɛr dy sa mɛr e i la pœr]

  5. [ʒe ro ma a plo di la pjɛs e sa sœr vu lə par le o zak tœr]

  6. [lə prɔ fɛ sœ ra di a djø a sa pə tit ka rjɛr e sɛ ma rje a vɛk lə di rɛk tœr]

  7. [yn ʒœn fi ja grɛ siv a po ze bo ku də kɛ stjɔ̃]

Phrase 3

  Mon oncle Vincent, | qui est agent immobilier, |
  veut me louer son vieux studio parisien, |
  mais je n'en ai pas besoin | parce que j'habite la banlieue |
  depuis juin. |

  [mɔ̃ nɔ̃ klə vɛ̃ sɑ̃ ki ɛ ta ʒɑ̃ i mo bi lje
  vø mə lwe sɔ̃ vjø sty djo pa ri zjɛ̃
  mɛ ʒə nɑ̃ ne pa bə zwɛ̃ par skə ʒa bit la bɑ̃ ljø
  də pɥi ʒɥɛ̃]

Choses à remarquer sur la notation phonétique

◆   Nouvelles voyelles:

> [ɔ̃] dans m*on*, *on*cle, s*on*
>
> [ɛ̃] dans V*in*cent, parisi*en*, beso*in*, j*uin*
>
> [ɑ̃] dans Vinc*ent*, ag*ent*, *en*, b*an*lieue

◆   Nouvelle semi-voyelle:

> [ɥ] dans dep*u*is, j*u*in

Comparez la prononciation de [ɥ] et de [w]: huit [ɥi] (devant une consonne), oui [wi]. Pour une explication de la différence articulatoire entre ces deux semi-voyelles, voir chapitre 6.

Choses à remarquer dans la phrase entière

Notez l'intonation descendante et les accents toniques de la phrase:

Mon oncle Vincent, │ qui est agent immobilier, │

veut me louer son vieux studio parisien, │

mais je n'en ai pas besoin │ parce que j'habite la banlieue │

depuis juin. │

EXERCICES D'APPLICATION

Exercice oral (cassette 1B)

Répétez la phrase 3 après le modèle. Faites bien attention à la prononciation des sons individuels et aussi à l'intonation, à l'accent tonique, à la syllabation et aux groupes rythmiques. Ensuite, répondez aux questions orales.

Exercices écrits

Exercice 1   Divisez les phrases suivantes en groupes rythmiques, et marquez l'intonation par des flèches. Ensuite, répétez chaque phrase à voix haute.

1. Quand le train de Reims est-il entré en gare?

2. Les enfants, qui avaient froid, ont mis leur manteau et leur chapeau

   en sortant de chez eux.

3. Combien de temps les Martin ont-ils passé à la campagne en novembre

   dernier?

Exercice 2 Transcrivez les mots et les phrases suivants à l'aide de symboles phonétiques. Ensuite, répétez chaque expression à voix haute.

1. vais / vain   cousine / cousin   bonne / bon
   Anne / an   bas / banc   pardonne / pardon

2. entrer, entrons, entrant, entre

3. une journée ensoleillée

4. dans le bain

5. entre mon oncle et ma tante

6. le vingt-cinq décembre

7. au commencement du mois de janvier

8. la grande chambre de mes parents

9. deux cent cinquante timbres et enveloppes

10. En réfléchissant, on répond correctement à l'examen.

11. Tout le monde connaît mon oncle.

12. Son grand-père a cent ans.

13. Tiens, cinq simples jardins européens!

14. Vincent voulait que je lui loue une maison parisienne.

15. J'en avais besoin mais je lui ai répondu que non.

16. Mon oncle partageait son vieux studio avec mon cousin Vincent.

17. Mon agent immobilier m'a loué une maison à la campagne.

Exercice 3 Transcrivez les phrases de l'exercice 1, ci-dessus, à l'aide de symboles phonétiques.

Exercice 4 Écrivez les phrases qui correspondent aux symboles phonétiques suivants.

1. [sə vɛ̃ vo lə pri kə nu za vɔ pe je]

2. [i lɛ tɑ̃ tre dɑ̃ lə sa lɔ̃ ɑ̃ mɑ̃ ʒɑ̃ yn pɔm]

3. [si mɔ̃ e si mɔn vjɛn ʃe nu o prɛ̃ tɑ̃]

4. [ʒə sɥi ɑ̃ nɥi je] [tut me klas sɔ̃ tɑ̃ nɥi jøz]

5. [ɔ̃ va prɑ̃ dryn bu tɛj də vɛ̃ blɑ̃]

6. [ɛl vø aʃ te mɔ̃ nɑ̃ sɑ̃ blə blɑ̃]

   7. [ɔ̃ nə kɔ̃ prɑ̃ rjɛ̃ dɑ̃ sɛ ta fɛr]

   8. [vɛ̃ sɑ̃ a pɛr dy sɔ̃ ka je]

   9. [il vjɛ̃ par lə trɛ̃ də mɛ̃ ma tɛ̃]

   10. [sa mɔ̃ trɛ tɔ̃ be dɑ̃ lo se ɑ̃]

   11. [ø røz mɑ̃ kil na pa zu bli je sɔ̃ nɛ̃ pɛr me abl]

Phrase 4

Cette dernière phrase sert à réviser les sons de la langue française. Elle introduit aussi une nouvelle voyelle et un autre modèle d'intonation.

> Monsieur Lafleur | a-t-il lu les vingt journaux espagnols |
>
> que j'avais choisis et mis dans son salon | lundi dernier à minuit? |
>
> [mə sjø la flœr a til ly le vɛ̃ ʒur no ɛ spa ɲɔl
>
> kə ʒa vɛ ʃwa zi e mi dɑ̃ sɔ̃ sa lɔ̃ lœ̃ di dɛr nje a mi nɥi]

Choses à remarquer sur la notation phonétique

◆   Nouvelle voyelle:

   [œ̃] dans l*u*ndi

◆   [œ̃] et [ɛ̃]: Nombre de dialectes régionaux et de dialectes non-standard ne font plus de différence entre les voyelles [œ̃] et [ɛ̃], qui sont toutes deux prononcées [ɛ̃]. Mais puisqu'il s'agit, dans ce livre, d'établir les normes phonétiques du français standard, nous conserverons la différence entre [œ̃] et [ɛ̃]. Pour les détails, voir chapitre 4, «Étude détaillée des voyelles nasales».

◆   Révision: La phrase 4 contient toutes les voyelles* et les semi-voyelles de la langue française, ainsi que les consonnes dont le symbole phonétique diffère de la graphie. Ci-dessous on présente ces symboles phonétiques et les mots de la phrase 4 qui les contiennent. La liste complète des sons du français et de leur représentation en symboles phonétiques se trouve à l'appendice A.

voyelles orales	*semi-voyelles*
[i] *i*l, chois*i*s, m*i*s, lund*i*,	[j] Mons*i*eur, dern*i*er
m*i*nu*i*t	[ɥ] min*u*it
[e] l*es*, *et*, dern*ier*	[w] ch*oi*sis

---

*Il existe — quoique dans très peu de mots — une autre voyelle, [ɑ], qui sera présentée au chapitre 3.

voyelles orales	*voyelles nasales*
[ɛ] *e*spagnols, av*ai*s, dern*ie*r	[ɑ̃] *dan*s
[a] L*a*fleur, *a,* esp*a*gnols,	[ɔ̃] s*on*, sal*on*
*a*vais, ch*oi*sis, s*a*lon, *à*	[ɛ̃] *vin*gt
[y] l*u*	[œ̃] *lun*di
[ø] Monsi*eu*r	
[œ] Lafl*eu*r	
[ə] M*o*nsieur, qu*e*	
[u] j*ou*rnaux	
[o] journ*au*x	
[ɔ] espagn*o*ls	

consonnes

[ʃ] *ch*oisis

[ɲ] espa*gn*ols

[ʒ] *j*ournaux, *j*'avais

♦ Intonation: Notez les accents toniques et l'intonation montante de la phrase 4. Maintenant, comparez cette intonation à celle de la phrase 2. Bien qu'il s'agisse dans les deux cas de phrases interrogatives, l'intonation monte à la fin de la question d'affirmation (phrase 4), à laquelle la réponse est «oui», «non» ou «si», mais elle descend à la fin de la question d'information (phrase 2), qui commence par un mot interrogatif.

Monsieur Lafleur │ a-t-il lu les vingt journaux espagnols │

que j'avais choisis et mis dans son salon │

lundi dernier à minuit? │

EXERCICES D'APPLICATION

Exercice oral (cassette 1B)

Répétez la phrase 4 après le modèle. Faites bien attention à la prononciation des sons individuels et aussi à l'intonation, à l'accent tonique, à la syllabation et aux groupes rythmiques. Ensuite, répondez aux questions orales.

Exercices écrits

Exercice 1   Divisez les phrases suivantes en groupes rythmiques, et marquez l'intonation par des flèches. Ensuite, répétez chaque phrase à voix haute.

1. Patrick et Agnès ont lu les revues espagnoles que j'avais mises dans le vieux studio parisien de mon oncle Vincent.

2. Quand tu as mangé au restaurant avec ta famille vendredi dernier, as-tu essayé la truite amandine?

3. Qui a commandé les cuisses de grenouille?

4. Avez-vous bu du vin français ou du vin de Californie?

5. Comment vont les enfants ce matin?

6. Il est important qu'on puisse faire la distinction entre les deux voyelles nasales du mot «Vincent» et qu'on sache la différence de prononciation entre les semi-voyelles des mots «lui» et «Louis», n'est-ce pas?

Exercice 2   Transcrivez les mots et les phrases suivants à l'aide de symboles phonétiques. Ensuite, répétez chaque expression à voix haute.

1. un lundi matin / un parfum brun / un chagrin insupportable
2. Les trois messieurs espagnols ont lu le journal lundi dernier.
3. J'ai mis les fleurs à côté du journal dans le salon brun.

Exercice 3   Transcrivez les phrases de l'exercice 1, ci-dessus, à l'aide de symboles phonétiques.

Exercice 4   Écrivez les mots et les phrases qui correspondent aux symboles phonétiques suivants.

1. [le myr] [la mur] [la mɔr] [le mœrs] [la mɛr] [lar mwar]
2. [la kyr] [lə kur] [la kur] [lə kɔr] [lə kœr] [li kœr]
3. [ʃɑ̃ ta la ɛ̃ vi te œ̃ gar sɔ̃ a rɔ gɑ̃ o rɛ stɔ rɑ̃ pur gu te lə pɛ̃ frɑ̃ sɛ]

4. [lwi nə prɑ̃ pa sṵ vɑ̃ də bɛ̃] [ɔ̃ lɥi ɑ̃ na par le mɛ il rə fyz də sɥivr no kɔ̃ sɛj] [kɛ lɑ̃ nɥi]

5. [ɔ̃ na prɑ̃ bo ku də ʃo za my zɑ̃t dɑ̃ tu le kur də frɑ̃ sɛ]

6. [kɔ̃ bjɛ̃ a til dɑ̃ fɑ̃] [ʒə krwa kil nɑ̃ na kœ̃]

7. [le zu vri je ɔ̃ by œ̃ vɛr pur se le bre le lɛk sjɔ̃ dœ̃ pre zi dɑ̃ sɔ sja list]

8. [ʃa kœ̃ de vwa zɛ̃ də lɔ ma rɛ te par la pɔ lis a ɛk spri me sɔ̃ ne tɔn mɑ̃]

9. [ɑ̃ nɑ̃ trɑ̃ dɑ̃ lə te atr lɛ̃ spɛk tœ ra tut sɥit rə mar ke œ̃ nɔm ky rjø a si o fɔ̃ də la sal]

10. [le kip blø a ɑ̃ fɛ̃ ɑ̃ pɔr te la vik twar a prɛ œ̃ matʃ pa sjɔ nɑ̃ e par fwa vjɔ lɑ̃]

Chapitre 2

La Prosodie

Quand on apprend la langue orale, il ne suffit pas d'apprendre à bien prononcer les sons individuels. Il faut aussi étudier la prosodie, c'est-à-dire, les éléments phoniques de l'énoncé qui sont au-delà du niveau du son isolé. Mentionnons d'abord la *joncture,* c'est-à-dire, la manière dont les sons se relient pour former des mots et des phrases. L'*enchaînement* et la *liaison* sont les principaux moyens par lesquels celle-ci se réalise dans les segments de l'énoncé supérieurs au mot. Il faudra ensuite étudier les variations de longueur, d'intensité et de hauteur des sons qui contribuent respectivement au *rythme,* à l'*accent* et à l'*intonation* de la langue parlée.

LA JONCTURE

La plus petite unité phonique formée d'un ensemble de sons s'appelle la syllabe. La voyelle constitue le noyau de la syllabe en français. La syllabe peut aussi contenir une ou plusieurs consonnes ou semi-voyelles, mais elle n'a jamais plus d'une voyelle. L'expression suivante, par exemple, consiste de quatre syllabes: une instruction [y nɛ̃ stryk sjɔ̃].

L'unité phonique supérieure à la syllabe est le *groupe rythmique* (ou le *mot phonétique*). C'est un groupe de mots dans lequel les traits prosodiques (joncture, rythme, accent) sont définis de la même manière que dans le mot isolé. De plus, ce groupe de mots forme une unité grammaticale; par exemple:

un groupe nominal: La jeune femme

un groupe verbal: est entrée dans le magasin

un groupe prépositionnel: pour acheter du beurre

La longueur typique d'un groupe rythmique est d'environ sept syllabes, mais elle peut varier en fonction de la rapidité du parler. En effet, la division d'un énoncé en groupes rythmiques dépend du débit. Si celui-ci est rapide, on aura des groupes rythmiques plus grands, comme le montre le premier exemple ci-dessous (deux groupes rythmiques). Si le débit est plus lent, il y aura des groupes rythmiques plus nombreux et plus courts (voir le deuxième exemple, qui a quatre groupes rythmiques).

La jeune femme est entrée dans le magasin |
pour acheter du beurre et de la confiture.

La jeune femme | est entrée dans le magasin |
pour acheter du beurre | et de la confiture.

La syllabation

Nous avons déjà vu (chapitre 1) la tendance en français à la syllabation ouverte, dans le mot isolé aussi bien que dans le mot phonétique. Nous avons dit que la consonne se prononce *autant que possible* avec la syllabe qui la suit. Il faut alors connaître les cas où cette syllabation ouverte est possible.

◆ Une seule consonne ou semi-voyelle prononcée s'attache à la voyelle qui suit:

état [e ta]   je l'ai [ʒə le]   fillette [fi jɛt]

mouillé [mu je]

◆ Si, entre deux voyelles prononcées, il y a deux ou trois consonnes qu'on peut trouver normalement au début du mot isolé, ces deux ou trois consonnes font partie de la syllabe suivante. Voici une liste des groupes consonantiques acceptés:

[pr] emprunt [ɑ̃ prœ̃]

[pl] applaudir [a plo dir]

[br] chambrer [ʃɑ̃ bre]

[bl] un blond [œ̃ blɔ̃]

[kr] microbe [mi krɔb]

[kl] enclos [ɑ̃ klo]

[gr] agrandir [a grɑ̃ dir]

[gl] la glace [la glas]

[fr] le front [lə frɔ̃]

[fl] des fleurs [de flœr]

[vr] février [fe vri je]

[tr] Patrick [pa trik]

[dr] vendredi [vɑ̃ drə di]

[sp] espace [ɛ spas]

[st] restaurant [rɛ stɔ rɑ̃]

[sk] risquer [ri ske]

[sf] le sphinx [lə sfɛ̃ks]

[ps] le psychologue [lə psi kɔ lɔg] (mots savants ou empruntés)

[pn] le pneu [lə pnø] (mots savants ou empruntés)

[tʃ] le Tchèque [lə tʃɛk] (mots savants ou empruntés)

[str] instruction [ɛ̃ stryk sjɔ̃]

[spl] c'est splendide [sɛ splɑ̃ did]

[skr] inscription [ɛ̃ skrip sjɔ̃]

◆ On trouve aussi les combinaisons d'une ou de deux consonnes avec la semi-voyelle [w]:

[vw] revoir [rə vwar]

[drw] adroit [a drwa]

[trw] en trois [ɑ̃ trwɑ]

[prw] sa proie [sa prwa]

[krw] je la crois [ʒə la krwa]

[frw] il fait froid [il fɛ frwɑ]

[blw] à Blois [a blwɑ]

[glw] la gloire [la glwar]

◆ Bref, si un groupe de consonnes peut commencer un mot, ce groupe peut aussi commencer une syllabe. Pour toutes les autres combinaisons de consonnes prononcées, on fait la division syllabique entre les deux consonnes:

examen [eg za mɛ̃]	correctement [kɔ rɛk tə mɑ̃]
important [ɛ̃ pɔr tɑ̃]	surgir [syr ʒir] il part [il par]
Patrick chante [pa trik ʃɑ̃t]	une chère fille [yn ʃɛr fij]

L'enchaînement

Le groupe rythmique en français se divise en syllabes et non en mots, comme c'est le cas en anglais. Chacune des syllabes du groupe rythmique est étroitement liée, sans aucune rupture, à celle qui la suit par un procédé qui s'appelle *enchaînement*. Les expressions suivantes illustrent l'*enchaînement consonantique,* où une consonne située à la fin d'un mot forme une syllabe avec la voyelle initiale du mot qui la suit:

entre eux [ɑ̃ trø]

pour un ami [pu rœ̃ na mi]

Quel âge a-t-il? [kɛ la ʒa til]

Les acteurs américains viennent admirer notre hôtel.
      [le zak tœ ra me ri kɛ̃ vjɛ nad mi re nɔ tro tɛl]

Quand deux voyelles consécutives apparaissent dans deux syllabes voisines, elles sont aussi liées sans rupture; c'est ce qu'on appelle l'*enchaînement vocalique.* Cet enchaînement est parfois difficile à prononcer pour les anglophones, qui ont tendance à insérer une rupture entre les voyelles. Or il n'y a pas d'arrêt ni de diminution de tension musculaire entre les voyelles en français. Par exemple:

Il a haï Haïti. [i la a i a i ti]

On peut donc voir que, dans le français parlé, il n'y a rien qui démarque la frontière *entre les mots.* Comparez cette situation à celle de l'anglais, où, en plus de la rupture qui marque la division syllabique à l'intérieur des mots, il existe une petite rupture entre les mots. Cette rupture, quoique légère, fait la différence entre les paires suivantes:

that stall / that's tall

an A / a nay

an ape / a nape

it stops / it's tops

your ode / you rode

it stank / its tank

En français, puisqu'il n'y a aucune division entre les mots, les paires suivantes sont homonymes:

Il a mille pieds / Il a mis le pied [i la mil pje]

un nez / un *é* [œ̃ ne]

un air / un nerf [œ̃ nɛr]

la croix / l'accroît [la krwa]

qui l'aime / qu'il aime [ki lɛm]

l'abouche / la bouche [la buʃ]

EXERCICES D'APPLICATION

Exercices écrits

Exercice 1 Transcrivez les phrases suivantes à l'aide de symboles phonétiques. Attention à la division syllabique et à l'enchaînement consonantique. Notez que dans les expressions suivantes, il n'y a pas de liaison (voir «la liaison interdite», ci-dessous): cousin ennuyeux (4), un hibou (6), Américain ennuyeux (8), un hameau (11).

1. Il a haï Haïti.
2. Il y a eu une édition.
3. J'ai eu une lettre.
4. Il a un cousin ennuyeux.
5. Il va à l'aéroport.
6. Le bébé a un hibou en velours.
7. Tu as eu un accident?
8. Elle parle à un Américain ennuyeux.
9. Il a été étonné.
10. C'est absolument incroyable!
11. Il a été à un hameau isolé.

Exercice 2 Transcrivez les phrases suivantes à l'aide de symboles phonétiques. Attention à la division syllabique et à l'enchaînement consonantique.

1. Elle adore être active.
2. Il a réfrigéré le poisson.
3. Le prospecteur animé a exagéré sa découverte.
4. Le jeune homme a parlé de l'amour ardent.
5. Son psychiatre a expliqué que depuis son accident il ne peut plus reprendre son travail.
6. Il y a beaucoup d'adjectifs dans la proposition subordonnée.
7. Les chercheurs espèrent trouver des squelettes intacts.

8. Quelques-uns se plaignaient bruyamment de leur isolation.

9. L'agriculteur survit difficilement dans ce monde technologique.

Exercice 3   Transcrivez à l'aide de symboles phonétiques les deux premières strophes de «Mon Rêve familier» par Paul Verlaine. Attention à la division syllabique et à l'enchaînement consonantique.

> Je fais souvent ce rêve étrange et pénétrant
> D'une femme inconnue, et que j'aime, et qui m'aime,
> Et qui n'est, chaque fois, ni tout à fait la même
> Ni tout à fait une autre, et m'aime et me comprend.
>
> Car elle me comprend, et mon cœur, transparent
> Pour elle seule, hélas! cesse d'être un problème
> Pour elle seule, et les moiteurs de mon front blême,
> Elle seule les sait rafraîchir, en pleurant.

Exercices oraux (cassette 2A)

Exercice 1   Répétez les phrases de l'exercice écrit 1, en faisant bien attention à l'enchaînement vocalique.

Exercice 2   Répétez les phrases de l'exercice écrit 2, en faisant bien attention à l'enchaînement consonantique.

Exercice 3   Répétez les deux premières strophes de «Mon Rêve familier», donné dans l'exercice écrit 3. Faites bien attention à l'enchaînement consonantique.

La liaison

Contrairement à l'enchaînement, qui relie des sons toujours prononcés, la liaison forme une syllabe en faisant apparaître devant une voyelle un son consonantique final généralement muet, sauf devant une voyelle:

> enchaînement: il arrive [i la riv] (le *l* de *il* se prononce toujours)
>
> liaison: vous avez [vu za ve] (le *s* de *vous* est muet dans le mot isolé et dans le cas où la syllabe suivante commence par une consonne prononcée; comparez: vous chantez [vu ʃɑ̃ te])

(Cette liaison est ce qui subsiste d'une forme plus ancienne de la langue où les consonnes finales étaient toujours prononcées.)

Consonnes en liaison

Les lettres *s, x, z, t, d, r, p, g, f,* et *n,* muettes pour la plupart à la fin du mot isolé, se prononcent en liaison de la manière suivante:

s, x, z = [z]: nos enfants [no zɑ̃ fɑ̃], beaux yeux [bo zjø], mangez-en [mɑ̃ ʒe zɑ̃]

t, d = [t]: ont-ils [ɔ̃ til], grand enfant [grɑ̃ tɑ̃ fɑ̃], prend-il [prɑ̃ til]

r = [r]: premier enfant [prə mjɛ rɑ̃ fɑ̃]

p = [p]: trop aimable [tro pɛ mabl] (la liaison avec [p] est assez rare)

g = [g] dans la langue parlée courante (mais les mots terminés en *g* sont rares: long été [lɔ̃ ge te])

g = [k] dans le style littéraire soigné: long été [lɔ̃ ke te]

f = [v] devant *ans, heures:* neuf heures [nœ vœr]. Ailleurs, *f* = [f] (neuf éléphants [nø fe le fɑ̃]), mais ceci est un exemple d'enchaînement, pas de liaison.

n = [n]: en hiver [ɑ̃ ni vɛr], bon anniversaire [bɔ na ni vɛr sɛr]

Après les mots «on», «non», «mon», «ton», «son», «en», «un», «aucun», «commun», «bien», «combien» et «rien», la voyelle *garde sa nasalité:*

on entre [ɔ̃ nɑ̃tr]   mon ami [mɔ̃ na mi]

en arrivant [ɑ̃ na ri vɑ̃]   un ami [œ̃ na mi]

aucun ennemi [o kœ̃ nɛn mi]   bien entendu [bjɛ̃ nɑ̃ tɑ̃ dy]

rien à faire [rjɛ̃ na fɛr]

Mais après les adjectifs qualificatifs terminés par la lettre *n* ou *m,* la voyelle *perd sa nasalité:*

le divin enfant [lə di vi nɑ̃ fɑ̃]

mon ancien ami [mɔ̃ nɑ̃ sjɛ na mi]

un certain événement [œ̃ sɛr tɛ ne ven mɑ̃]

un bon ami [œ̃ bɔ na mi]

Comparez donc les paires suivantes:

bon anniversaire [bɔ na ni vɛr sɛr] (voyelle dénasalisée)

mon anniversaire [mɔ̃ na ni vɛr sɛr] (voyelle nasale conservée)

La liaison obligatoire

Il y a des liaisons qui se font toujours (obligatoires), d'autres qui ne se font jamais (interdites) et puis d'autres qui peuvent se faire ou non (facultatives). Dans la plupart des cas, la liaison obligatoire sert à relier un petit mot inaccentué (et souvent inaccentuable) au mot principal (souvent accentué) du groupe. On notera la liaison obligatoire par un petit arc entre la consonne en liaison et la voyelle qui la suit: mes‿amis. La liaison est obligatoire dans les situations suivantes:

1. Entre un déterminant et un substantif (les déterminants sont les petits mots qui précèdent un substantif—les articles définis et indéfinis, les adjectifs démonstratifs, possessifs, interrogatifs et exclamatifs):

   les‿amis [le za mi]   un‿enfant [œ̃ nɑ̃ fɑ̃]

   aux‿autres [o zotr]   ces‿enfants [se zɑ̃ fɑ̃]

   mon‿ami [mɔ̃ na mi]   quels‿idiots [kɛl zi djo]

2. Entre un déterminant et un adjectif ou entre un adjectif et un substantif:

   mes‿anciens‿élèves [me zɑ̃ sjɛ̃ ze lɛv]

   trois‿amis [trwa za mi]

   les gros‿arbres [le gro zarbr]

   un petit‿avion [œ̃ pə ti ta vjɔ̃]

3. Entre un ou deux pronoms et un verbe qui suit, entre un verbe et le pronom sujet quand celui-ci le suit ou entre un verbe à l'impératif et un pronom objet qui suit:

   Ils‿en‿ont [il zɑ̃ nɔ̃]   Elles‿arrivent [ɛl za riv]

   Comprend‿il? [kɔ̃ prɑ̃ til]   Allez-y! [a le zi]

   Notez que puisque la liaison est obligatoire entre un verbe à l'impératif et le pronom objet le suivant, il faut ajouter un *s* écrit à la deuxième personne du singulier du verbe de la première conjugaison à l'impératif quand le verbe est suivi de «y» ou de «en»:

   Va! [va]   Vas-y! [va zi]

   Mange! [mɑ̃ʒ]   Manges-en! [mɑ̃ʒ zɑ̃]

4. Après un adverbe ou une préposition monosyllabiques:

   bien‿élevé [bjɛ̃ nɛl ve]

   très‿inquiet [trɛ zɛ̃ kjɛ]

   dans‿un‿accident [dɑ̃ zœ̃ nak si dɑ̃]

en argent [ɑ̃ nar ʒɑ̃]

sans arrêt [sɑ̃ za rɛ]

sous un arbre [su zœ̃ narbr]

De même pour le mot «après» suivi de l'infinitif passé:

après avoir bu [a prɛ za vwar by]

après être arrivé [a prɛ zɛ tra ri ve]

Exceptions: Dans la langue courante, on ne fait pas toujours de liaison après «pas», «plus» (l'adverbe comparatif ou superlatif) ou «vers»:

pas encore [pa zɑ̃ kɔr] *ou* [pa ɑ̃ kɔr]

plus élégant [ply ze le gɑ̃] *ou* [ply e le gɑ̃]

vers elle [vɛr zɛl] *ou* [vɛr ɛl] (La liaison après «vers» est assez rare.)

La liaison après «trop» et «fort» ne s'entend que dans un style très raffiné:

trop exigeant [tro ɛg zi ʒɑ̃] *ou* [tro pɛg zi ʒɑ̃]

fort important [fɔr ɛ̃ pɔr tɑ̃] *ou* [fɔr tɛ̃ pɔr tɑ̃]

5. Après la conjonction «quand» et le pronom relatif «dont»:

quand on arrivera [kɑ̃ tɔ̃ na riv ra]

le livre dont il parle [lə li vrə dɔ̃ til parl]

Attention! La liaison après l'adverbe interrogatif «quand» est interdite:

Quand arrivent-ils? [kɑ̃ a riv til]

Voyez ci-dessous «La liaison interdite».

6. Dans les locutions figées (cette liste n'est pas complète):

accent aigu	arts et métiers	bien entendu
Champs Elysées	c'est-à-dire	de mieux en mieux
de moins en moins	de plus en plus	de temps en temps
Etats-Unis	mot à mot	nuit et jour	petit à petit
sous-entendu	sous-officier	tout à coup
tout à fait	tout à l'heure	tout au long
tout au moins	fait accompli	vingt-et-un

La liaison interdite

On notera la liaison interdite par un × qui indique qu'on ne relie pas la consonne et la voyelle qui suit: et ×elle. La liaison ne se fait pas dans les situations suivantes:

1. Après un substantif au singulier:

Son nez ×est petit. [sɔ̃ ne ɛ pə ti]

un robot ×intelligent [œ̃ rɔ bo ɛ̃ tɛ li ʒɑ̃]

2. Après la conjonction «et»:

eux et ×elles [ø e ɛl]

3. Devant un *h aspiré:*

en ×haut [ɑ̃ o]

les ×haricots [le a ri ko]

les ×hiboux [le i bu]

les ×huit‿enfants [le ɥi tɑ̃ fɑ̃] (*mais* dix‿huit [di zɥit])

Comparez:

les ×héros [le e ro] / les‿zéros [le ze ro]

les ×hauteurs [le o tœr] / les‿auteurs [le zo tœr]

les ×hêtres [le ɛtr] / les‿êtres [le zɛtr]

Les mots suivants, qui sont assez fréquents, et leurs dérivés commencent par un *h aspiré:*

la hache	le handball
le hachisch	le handicap
la haie	le hangar
le haillon	le hanneton
la haine	hanter
haleter	harasser
le hall	harceler
le halo	hardi
la halte	le hareng
le hameau	le haricot
le hamster	la harpe
la hanche	le hasard

la hâte	hisser
haut	hocher
la Haye	le hockey
hennir	la Hollande
la hernie	le homard
le héros (mais pas ses	la Hongrie
dérivés: l'héroïne,	la honte
l'héroïsme)	le hoquet
le hêtre	hors
heurter	le huguenot
le hibou	huit (*mais* dix‿huit, vingt‿huit)
hideux	hurler
la hiérarchie	la hutte

4. Devant les mots «onze» et «oui»:

les ×ₓ onze enfants [le ɔ̃ zɑ̃ fɑ̃]

les ×ₓ oui [le wi]

(Notez aussi le refus d'élision devant le mot «onze»: le ×ₓ onze novembre.)

5. Après l'adverbe interrogatif «comment», «quand», «combien»:

Comment ×ₓ êtes-vous venu? [kɔ mɑ̃ ɛt vu və ny]

Quand ×ₓ avez-vous fini? [kɑ̃ a ve vu fi ni]

Combien ×ₓ en avez-vous? [kɔ̃ bjɛ̃ ɑ̃ na ve vu]

Exceptions:

Comment‿allez-vous? [kɔ mɑ̃ ta le vu] (obligatoire)

Quand est-ce que... [kɑ̃ tɛ skə] *ou* [kɑ̃ ɛ skə] (facultative)

6. Dans les mots composés au pluriel:

salles ×ₓ à manger [sa la mɑ̃ ʒe]

arcs‿en-ciel [ar kɑ̃ sjɛl]
      ×ₓ

moulins ×ₓ à vent [mu lɛ̃ a vɑ̃]

machines ×ₓ à écrire [ma ʃi na e krir]

brosses ×ₓ à dent [brɔ sa dɑ̃]

7. Devant [j] ou [w] dans les mots étrangers:

les ᵪ yacht [le jat]   les ᵪ yod [le jɔd]

les ᵪ Yankee [le jɑ̃ ki]   les ᵪ watt [le wat]

les ᵪ week-ends [le wi kɛnd]

(Comparez aux mots français: les‿iodes [le zjɔd], les‿ouates [le zwat].)

8. Entre «ils», «elles» ou «on» et un infinitif ou participe passé qui suit:

Sont-ils ᵪ arrivés? [sɔ̃ ti la ri ve]

Vont-elles ᵪ entrer? [vɔ̃ tɛ lɑ̃ tre]

Va-t-on ᵪ accepter? [va tɔ̃ ak sɛp te]

La liaison facultative

L'emploi de la liaison facultative dépend d'abord du niveau de langue. Plus le style est soigné, plus les liaisons sont utilisées. Ainsi utilisera-t-on toutes ou presque toutes les liaisons dans la lecture de la poésie. Par ordre décroissant, nous pouvons discerner trois autres niveaux de langue: le style «conférence», la conversation soignée et enfin la conversation familière où il n'y a pas ou presque pas de liaisons facultatives. Le nombre de liaisons dans la phrase «Vous, les femmes actives avez agi» changera donc en fonction du niveau de langue:

la poésie	Vous, les femmes‿actives‿avez‿agi.
la conférence	Vous, les femmes‿actives avez‿agi.
la conversation soignée	Vous, les femmes‿actives avez agi.
la conversation familière	Vous, les femmes actives avez agi.

Des facteurs syntaxiques jouent aussi un rôle important dans l'emploi des liaisons facultatives. À l'intérieur d'un groupe grammatical (c'est-à-dire, un groupe nominal, un groupe verbal, etc.), les mots ont tendance à se lier plus souvent que les mots appartenant à des groupes différents. Ainsi, dans «les filles arrivaient à l'heure», les deux liaisons marquées sont facultatives, mais la deuxième (qui est à l'intérieur du groupe verbal) se ferait beaucoup plus souvent que la première (qui est entre un groupe nominal et un groupe verbal).

On notera la liaison facultative par un arc entre parenthèses reliant la consonne et la voyelle:

les femmes ₍‿₎ actives

Il y a quatre grandes catégories de liaison facultative:

1. Après les noms au pluriel (cette liaison ne se fait qu'à des niveaux de langue très élevés, par exemple, dans la lecture de la poésie):

    les femmes‿inactives [le fam zi nak tiv] *ou* [le fa mi nak tiv]

    les femmes‿arrivent [le fam za riv] *ou* [le fa ma riv]

2. Après les verbes (ne se fait qu'à des niveaux de langue très élevés):

    Ils‿arrivent‿à l'heure [il za riv ta lœr] *ou* [il za ri va lœr]

    Il prend‿un thé [il prɑ̃ tœ̃ te] *ou* [il prɑ̃ œ̃ te]

    Exception: N'oubliez pas que la liaison entre un verbe à l'impératif et un pronom objet le suivant ainsi qu'entre un verbe et le pronom sujet qui le suit est obligatoire:

    Vas-y! [va zi]   Comprend-il? [kɔ̃ prɑ̃ til]

3. Après les conjonctions:

    mais‿enfin [mɛ ɑ̃ fɛ̃] *ou* [mɛ zɑ̃ fɛ̃]

    Exception: Rappelez-vous que la liaison ne se fait jamais après la conjonction «et»:

    Et ╳ alors? [e a lɔr]

4. Après les adverbes et les prépositions de plus d'une syllabe:

    complètement‿idiot [kɔ̃ plɛt mɑ̃ i djo] *ou* [kɔ̃ plɛt mɑ̃ ti djo]

    pendant‿une heure [pɑ̃ dɑ̃ y nœr] *ou* [pɑ̃ dɑ̃ ty nœr]

    Remarque: Plus l'adverbe ou la préposition est court, plus forte sera la tendance à la liaison. Dans les deux exemples suivants, la liaison se ferait plus souvent dans le premier que dans le deuxième cas:

    après‿un bon repas   complètement‿énervé

Cas particulier: être   La liaison se fait très fréquemment après le verbe impersonnel:

C'est‿exact. [sɛ tɛg za]

Il était‿impossible. [i le tɛ tɛ̃ pɔ sibl]

Avec les verbes personnels, la liaison la plus fréquente se fait après la troisième personne du singulier et la troisième personne du pluriel:

Il est absent. [i lɛ tap sɑ̃]

Ils sont arrivés. [il sɔ̃ ta ri ve]

Elle se fait moins souvent (mais tout de même souvent) après la première personne du singulier et du pluriel:

Je suis énergique. [ʒə sɥi ze nɛr ʒik] *ou* [ʒə sɥi e nɛr ʒik]

Nous sommes ici. [nu sɔm zi si] *ou* [nu sɔ mi si]

Elle se fait le moins souvent après la deuxième personne du singulier et du pluriel:

Tu es idiot. [ty ɛ i djo]

Vous êtes intelligent. [vu zɛ tɛ̃ tɛ li ʒɑ̃]

EXERCICES D'APPLICATION

Exercices écrits

Exercice 1   Dans les expressions suivantes, marquez toutes les liaisons obligatoires, interdites et facultatives. Ensuite, transcrivez les expressions à l'aide de symboles phonétiques.

1. l'enfant arrive
2. ces petits enfants
3. des héros
4. de grands éléphants
5. vingt-et-un
6. comprend-il
7. le premier hôtel
8. huit arbres
9. ils arrivent à huit heures
10. pas encore
11. ils sont entrés
12. lui et elle
13. moulins à vent
14. aux écoliers
15. aux anciens invités
16. un petit éléphant
17. trois indiens
18. un grand ami
19. un bon élève
20. que cherchent-ils
21. des étudiants ennuyés
22. c'était incroyable
23. en Égypte
24. en arrière
25. les enfants
26. accent aigu

Exercice 2   Dans les phrases suivantes, marquez toutes les liaisons obligatoires, interdites et facultatives. Ensuite, transcrivez toutes les phrases à l'aide de symboles phonétiques. Attention aux voyelles nasales et orales.

1. Je les ai vus, mes anciens élèves.
2. Il est très attentif mais complètement idiot.
3. Allons-y sans Hélène; nous finirons avant elle.
4. C'est un ancien amour.
5. Ton ami entre avec son ancien étudiant.
6. On a bien étudié.
7. Bon anniversaire!
8. Ils n'ont aucun ennui.
9. Au Moyen Âge, on vivait en plein air.
10. Quand ont-ils annoncé la nouvelle?
11. Mais où vont-ils, Henri et Hervé?
12. C'est une situation dont ils ont rêvé.
13. Il les a vus arriver.
14. Mangez-en.
15. Nous sommes invités chez elle.
16. Ils arriveront avant une heure avec les onze étudiants étrangers.
17. Vous héritez d'un hôtel.
18. Ces individus ont horreur des insectes.
19. Charles est arrivé en avance et il en est honteux.
20. Les ont-ils achetés?
21. C'est en haut de la montagne.
22. À quelle heure vont-ils arriver?
23. Combien en ont-ils pris?
24. Les huit enfants ont envoyé leurs idées originales.
25. Elle nous a écrit une lettre.
26. Ont-ils admiré les deux yachts?
27. Elle est indépendante et j'en suis impressionnée.
28. Mais ils aimeraient les autres homards.
29. Ils y arrivent petit à petit.
30. Leurs enfants sont très intelligents.
31. Elle les a inscrits après être arrivée.

32. Ces architectes ont achevé leurs observations.

33. Le train arrivera dans un instant.

34. Nous en avons un de plus.

35. Comment ont-elles appris mon adresse?

36. Les Yankee ont emporté la victoire.

37. La gloire ou le mérite de certains hommes est de bien écrire; et de quelques autres, c'est de n'écrire point. (La Bruyère)

Exercice 3   Dans les phrases suivantes, marquez toutes les liaisons obligatoires, interdites et facultatives. Ensuite, transcrivez toutes les phrases à l'aide de symboles phonétiques. Attention aux voyelles nasales et orales.

1. Les hirondelles ont harcelé les hippopotames du zoo.

2. Les huit haricots dans la chaussure du héros étaient un handicap pour l'équipe de hockey.

3. Les hommes ont hérité d'un haut parleur.

4. Les Hollandais ont honte de hurler à la Haye.

5. La Hongroise Henriette est très honnête et humble.

6. Son ange gardien a un halo et joue de la harpe à huit heures du matin.

7. Les Haïtiens ont haleté en hissant les homards à bord de l'hydravion.

8. Henri, le hors-la-loi qui hait les hamsters, a le hoquet.

9. Ils sont à l'hôtel, en haut.

10. La vie des héros a enrichi l'histoire, et l'histoire a embelli les actions des héros: ainsi je ne sais qui sont plus redevables, ou ceux qui ont écrit l'histoire à ceux qui leur en ont fourni une si noble matière, ou ces grands hommes à leurs historiens. (La Bruyère)

Exercice 4   Transcrivez à l'aide de symboles phonétiques le poème «Extase» par Victor Hugo. Faites bien attention à la division syllabique, à l'enchaînement et aux liaisons. Notez que le verbe «est» et les terminaisons verbales -*ais, -aient* se prononcent [ɛ] (voir chapitre 3).

> J'étais seul près des flots, par une nuit d'étoiles.
> Pas un nuage aux cieux, sur les mers pas de voiles,
> Mes yeux plongeaient plus loin que le monde réel,
> Et les bois, et les monts, et toute la nature,
> Semblaient interroger dans un confus murmure
>   Les flots des mers, les feux du ciel.
>   Et les étoiles d'or, légions infinies,

À voix haute, à voix basse, avec mille harmonies,
Disaient, en inclinant leurs couronnes de feu;
Et les flots bleus, que rien ne gouverne et n'arrête,
Disaient en recourbant l'écume de leur crête:
     C'est le Seigneur, le Seigneur Dieu.

Exercice 5 Transcrivez à l'aide de symboles phonétiques le poème «Qu'en avez-vous fait» par Marceline Desbordes-Valmore. Faites attention à la division syllabique, à l'enchaînement et aux liaisons.

Vous aviez mon cœur,
Moi, j'avais le vôtre;
Un cœur pour un cœur;
Bonheur pour bonheur!

Le vôtre est rendu;
Je n'en ai plus d'autre;
Le vôtre est rendu,
Le mien est perdu!

La feuille et la fleur
Et le fruit lui-même,
La feuille et la fleur,
L'encens, la couleur;

Qu'en avez-vous fait,
Mon maître suprême?
Qu'en avez-vous fait,
De ce doux bienfait?

Comme un pauvre enfant,
Quitté par sa mère,
Comme un pauvre enfant,
Que rien ne défend:

Vous me laissez là,
Dans ma vie amère,
Vous me laissez là,
Et Dieu voit cela!

Savez-vous qu'un jour,
L'homme est seul au monde?
Savez-vous qu'un jour,
Il revoit l'amour?

Vous appellerez
Sans qu'on vous réponde,
Vous appellerez
Et vous songerez!...

Vous viendrez rêvant
Sonner à ma porte;
Ami comme avant,
Vous viendrez rêvant.

Et l'on vous dira:
"Personne! elle est morte."
On vous le dira:
Mais qui vous plaindra?

Exercices oraux (cassette 2A et 2B)

Exercice 1   Répétez les expressions de l'exercice écrit 1, en faisant bien attention aux liaisons.

Exercice 2   Répétez les phrases de l'exercice écrit 2, en faisant bien attention aux liaisons.

Exercice 3   Répétez les phrases de l'exercice écrit 3, en faisant bien attention aux liaisons.

Exercice 4   Répétez le poème «Extase», donné dans l'exercice écrit 4. Faites bien attention à l'enchaînement et aux liaisons.

Exercice 5   Répétez le poème «Qu'en avez-vous fait», donné dans l'exercice écrit 5. Faites bien attention à l'enchaînement et aux liaisons.

Lectures supplémentaires (la joncture)

Voir bibliographie.

L'ACCENT

En français comme en anglais, on fait ressortir certaines syllabes du mot ou de la phrase par le moyen de l'accentuation. L'*accent tonique* français diffère de l'accent anglais par sa position aussi bien que par sa qualité. Pour comprendre ces différences, considérons tout d'abord le système du placement de l'accent tonique en anglais. En anglais, la place de l'accent dans un mot dépend du mot lui-même:

inside   income

Il y a même des cas où la place de l'accent suffit à changer la catégorie et le sens du mot; par exemple:

record / record   present / present

produce / produce   permit / permit

où le premier mot de chaque groupe est un substantif et le deuxième un verbe. Dans tous les mots de plus de deux syllabes, il y a au moins un accent; dans les mots plus longs, il y a souvent deux ou trois accents de degrés différents d'intensité:

2 1   2   3   1
elevation   incomprehensibility

Au niveau de la phrase, en anglais on peut avoir quatre accents toniques, de degrés différents d'intensité:

2   3   4   1
Tell me a tale.

L'accent peut aussi se déplacer dans la phrase anglaise, de sorte qu'on peut insister sur des mots différents:

What did you show her?

What did you show her?

What did you show her?

Le placement de l'accent est différent en français. Premièrement, la seule unité pertinente est le mot phonétique (ou groupe rythmique). L'accent tonique se place toujours sur la dernière syllabe du mot phonétique:

comprends, comprenez, compréhensible, compréhensibilité

Il est entré dans le salon, où il avait laissé ses lunettes.

Par ailleurs, en français, on ne peut pas mettre en relief un mot à l'intérieur d'une phrase en le prononçant avec une plus grande intensité. Le français a des procédés différents de mise en relief. Pour insister sur un mot, on l'extrait de la phrase, ce qui a pour conséquence de le mettre dans une position tonique (mot isolé):

Paul, je l'aime bien.

Quand l'insistance porte sur un pronom personnel, on emploie alors la forme tonique:

> Moi, il me connaît.

> Il ne comprend rien, lui.

On peut également placer le mot sur lequel on veut insister dans la construction «C'est... que»:

> C'est un sac qu'il a trouvé.

Outre les différences dans le placement de l'accent, on constate aussi des différences de quantité et de qualité de l'accent entre l'anglais et le français. Pour accentuer une syllabe en anglais, on la prononce plus fortement que les autres syllabes, et comme nous l'avons vu, on peut même avoir plusieurs niveaux d'intensité, indiquant les accents primaire, secondaire, tertiaire et quadratique. En anglais, c'est donc la qualité du ton qui varie. En français, la syllabe accentuée se prononce un peu plus fortement que les autres, mais ce qui la distingue surtout est la durée de sa voyelle: celle-ci est plus longue que toutes les autres voyelles du mot ou du groupe, qui sont plus ou moins égales entre elles, c'est-à-dire, de même durée et de même intensité. En plus de sa longueur, la voyelle accentuée est aussi plus haute ou plus basse que les voyelles inaccentuées. Nous discuterons la montée et la descente du ton ci-dessous, dans la section consacrée à l'intonation.

LE RYTHME

L'égalité de durée et d'intensité des syllabes à l'intérieur du mot phonétique donne au français un *rythme syllabique,* c'est-à-dire, mesuré, avec une force égale sur toutes les syllabes excepté la dernière du groupe rythmique. L'anglais, par contre, a un *rythme accentuel,* un rythme déterminé par les accents à l'intérieur de la phrase, les syllabes ayant alors une force inégale.

L'ACCENT AFFECTIF

Un autre type d'accent existe en français, l'accent affectif. Cet accent, qui est un accent exprimant une émotion, ne remplace pas l'accent tonique, mais se surajoute au rythme normal de la phrase. L'accent affectif tombe soit sur la première soit sur la deuxième syllabe du mot à valeur affective. D'habitude l'accent affectif se manifeste par l'allongement de la première ou la deuxième consonne prononcée du mot. Une consonne qui se trouve en liaison ou en enchaînement devant le mot en question constituera la première consonne du mot. Observez les exemples d'augmentation de la durée consonantique pour donner une valeur affective (le symbole : indique l'allongement du son):

C'est ffformidable! [sɛ f:ɔr mi dabl]

Quel iddiot! [kɛ li d:jo]

C'estt inutile! [sɛ t:i ny til]

C'est abbominable! [sɛ ta b:ɔ mi nabl] *ou*

C'estt abominable! [sɛ t:a bɔ mi nabl]

Un autre moyen de manifester l'accent affectif, quand le mot commence par un son vocalique et celui qui le précède se termine par un son vocalique, est d'interposer une petite rupture devant le mot à valeur affective:

C'est │ incroyable! [se//ɛ̃ krwa jabl]

EXERCICES D'APPLICATION

Exercices oraux (cassette 2B)

Exercice 1 Répétez les expressions suivantes, en faisant bien attention au rythme et à l'accent tonique. Chaque exemple contient un nombre croissant de syllabes.

1. (deux syllabes) Sortez! / Entrez! / Cherchons! / Partons! / C'est toi! / C'est beau! / Je sais. / Il l'est. / Tu l'as.

2. (trois syllabes) Finissez. / Choisissons. / Fantastique! / Incroyable! / C'est ma mère. / Je la cherche. / Nous croyons. / Nous partons.

3. (quatre syllabes) Finissons-le. / Il se promène. / Je vais en ville. / Nous mangerons vite. / N'oubliez pas! / Parlons dehors. / Cherchez la femme. / Ne partez pas!

4. (cinq syllabes) Portez vos lunettes. / Où sont les enfants? / Regardez les filles. / Il promène son chien. / Je ne vous comprends pas. / Je dîne chez ma mère.

5. (six syllabes) Je crois qu'il est parti. / Il veut finir à l'heure. / Pourquoi dites-vous cela? / Apportez une salade. / Ne perdez pas patience. / Je ne veux pas qu'elle s'en aille.

Exercice 2   Répétez les expressions et les phrases suivantes, en faisant bien attention au rythme et à l'accent tonique.

1. Partons.
   Partons vite.
   Partons vite d'ici.

2. Regardez.
   Regardez-moi.
   Regardez-moi et mes enfants.

3. Entrez.
   Entrez donc.
   Entrez donc dans la salle.

4. Finissez.
   Finissez la viande.
   Finissez la viande et les légumes.

5. Choisissons.
   Choisissons une salade.
   Choisissons une salade et un dessert.

6. Le professeur.
   Le professeur arrive.
   Le professeur arrivera.
   Le professeur arrivera à midi.
   Le professeur arrivera à midi pile.

7. Le petit.
   Le petit enfant.
   Le petit enfant joue.
   Le petit enfant joue avec la balle.
   Le petit enfant joue avec la balle bleue.

8. Monique.
   Monique et Paul.
   Monique et Paul cherchent.
   Monique et Paul cherchent les clés.
   Monique et Paul cherchent les clés de leur voiture.

9. Chantal.
   Chantal Duprès.
   Chantal Duprès danse.
   Chantal Duprès danse au spectacle.
   Chantal Duprès danse au spectacle ce soir.

Lectures supplémentaires (accent et rythme)

Voir bibliographie.

L'INTONATION

On définit l'intonation d'une langue comme l'ensemble des différences de hauteur du ton dans les mots et dans les phrases. Comme nous l'avons indiqué, le ton de la voyelle accentuée en français est plus haut ou plus bas que celui des autres voyelles du mot ou du mot phonétique. À la fin des mots isolés, en français comme en anglais, l'intonation tend à tomber. Quant aux énoncés plus longs, nous pouvons constater qu'en général le français et l'anglais (comme toutes les langues romanes et germaniques) suivent les mêmes modèles d'intonation à la fin des phrases: l'intonation tombe à la fin des phrases déclaratives, impératives et exclamatives et à la fin des questions commençant par un mot interrogatif (les questions d'information). L'intonation monte à la fin des questions d'affirmation, questions dont la réponse est «oui» ou «non», ainsi qu'à la fin des phrases ou des pensées inachevées mais dont la suite est impliquée («Quant à lui, tu sais...»). Dans les questions qui posent un choix, l'intonation monte après la première partie du choix et descend après la deuxième. Étudiez les exemples suivants:

phrase déclarative: Il va dans le Midi.

phrase impérative: Va dans le Midi.

exclamation: Il va dans le Midi!

question d'information: Pourquoi va-t-il dans le Midi?

question d'affirmation: Va-t-il dans le Midi?

implication: Lui, il va dans le Midi... (et tu sais ce qu'il fera là bas!)

question contenant un choix: Habite-t-il à Lille ou à Paris?

Mais bien que l'intonation tombe ou monte à la fin des phrases en anglais et en français d'une manière parallèle, il y a de fortes différences dans les courbes intonatives des deux langues. Tout d'abord, la hauteur du ton en anglais peut changer à l'intérieur de la syllabe, créant ainsi une diphtongue:

two [tu^w]   tu
             ⌐w

Ceci n'est jamais le cas en français, où l'intonation change seulement entre les syllabes:

Le changement de hauteur, toujours faible et progressif à l'intérieur du mot de plusieurs syllabes ou du mot phonétique, contraste avec la descente ou la montée dramatique du ton entre les deux dernières syllabes de ce groupe. De plus, c'est entre les deux dernières syllabes *du dernier groupe rythmique* de l'énoncé qu'on entend la plus grande différence de ton:

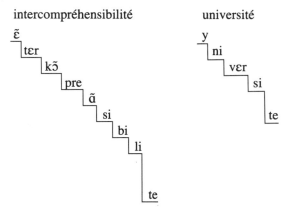

Patrick et sa femme Annick
habitent à Lille.

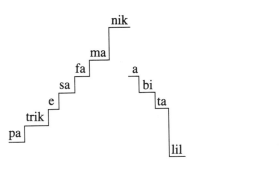

Est-ce qu'ils habitent à Lille
avec leurs enfants?

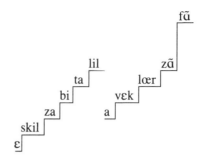

Une autre différence entre l'intonation en anglais et en français se voit dans les groupes rythmiques situés à l'intérieur de la phrase. La courbe intonative du mot phonétique intérieur à la phrase en français monte toujours, signalant la continuation de la phrase, tandis que son équivalent en anglais peut monter ou descendre.

anglais: The students who left │ had forgotten their books.

ou

The students who left │ had forgotten their books.

français: Les étudiants qui sont partis │ ont oublié leurs livres.

Le français a donc plus de courbes intonatives ascendantes que l'anglais et plus de groupes ascendants que de groupes descendants.

Mes amies sont parties en ville │ il y a au moins une heure │

pour voir un nouveau film américain.

Est-ce que Catherine et Michel, │ les enfants du voisin, │

sont déjà partis pour l'école?

Ma mère et ma sœur, │ qui voyagent en Provence, │

viennent de passer deux semaines │

chez le cousin français │ de mon ancien professeur d'anglais.

En dépit de leur complexité réelle, les courbes intonatives sont indiquées ici par de simples flèches ascendantes ou descendantes sur la dernière syllabe du groupe rythmique. Bien que ce système de flèches ne le montre pas, n'oubliez pas qu'il représente aussi la montée ou la descente graduelle du ton entre les syllabes prétoniques et le changement de hauteur plus grand entre les deux dernières syllabes.

Remarque: Il faut ajouter que nous avons donné ici les modèles d'intonation qu'on entend le plus souvent. Bien entendu, l'intonation d'un énoncé peut varier beaucoup, sous l'influence de nombreux facteurs comme l'émotion, le niveau de langue et les tendances individuelles.

EXERCICES D'APPLICATION

Exercices écrits

Exercice 1   Divisez les phrases suivantes en groupes rythmiques. (Il y a souvent plusieurs divisions possibles.) Ensuite, marquez l'intonation par des flèches.

1. Les enfants du voisin, qui ont un chien blanc, adorent les animaux.

2. Le jeune homme qui sort avec ma fille va recevoir son diplôme d'ingénieur en mai.

3. Est-ce que je vous ai déjà montré les nouvelles assiettes en porcelaine bleue que j'ai achetées à Limoges avant-hier?

4. Quand comptez-vous finir tout ce travail qui vous occupe tellement et qui vous empêche de venir me voir?

5. Préfèrent-ils rester chez eux ou aller au cinéma avec nous?

6. Quelle chance vous avez de pouvoir passer deux semaines à la campagne avec vos petits-enfants!

7. Les témoins ont affirmé que deux hommes masqués, qui brandissaient des revolvers, sont sortis de la banque en courant et ont disparu dans une petite voiture blanche qui les attendait devant la porte.

8. Quand l'inspecteur nous a demandé pourquoi nous n'avions pas vu le cambrioleur qui s'était emparé de notre téléviseur, nous lui avons expliqué que le voleur était entré par une fenêtre au premier étage et que nous n'avions rien entendu parce que nous étions en train de dîner.

Exercice 2 Divisez en groupes rythmiques le passage suivant, tiré de *L'Écume des jours* par Boris Vian. Ensuite, marquez l'intonation par des flèches.

Le vent se frayait un chemin parmi les feuilles et ressortait des arbres tout chargé d'odeurs de bourgeons et de fleurs. Les gens marchaient un peu plus haut ct respiraient plus fort car il y avait de l'air en abondance. Le soleil dépliait lentement ses rayons et les hasardait, avec précaution, dans des endroits qu'il ne pouvait atteindre directement, les recourbant à angles arrondis et onctucux, mais se heurtait à dcs choses très noires et les retirait très vite, d'un mouvement nerveux et précis de poulpe doré. Son immense carcasse brûlante se rapprocha peu à peu, puis se mit, immobile, à vaporiser les eaux continentales et les horloges sonnèrent trois coups.

Exercice 3 Divisez en groupes rythmiques le passage suivant, intitulé «Enivrez-vous» et tiré du *Spleen de Paris* par Charles Baudelaire. Ensuite, marqucz l'intonation par des flèchcs.

Il faut être toujours ivre. Tout est là: c'est l'unique question. Pour ne pas sentir l'horrible fardeau du Temps qui brise vos épaules et vous penche vers la terre, il faut vous enivrer sans trêve.

Mais de quoi? De vin, de poésie ou de vertu, à votre guise. Mais enivrez-vous.

Et si quelquefois, sur les marches d'un palais, sur l'herbe verte d'un fossé, dans la solitude morne de votre chambre, vous vous réveillez, l'ivresse déjà diminuée ou disparue, demandez au vent, à la vague, à l'étoile, à l'oiseau, à l'horloge, à tout ce qui chante, à tout ce

qui parle, demandez quelle heure il est; et le vent, la vague, l'étoile,

l'oiseau, l'horloge, vous répondront: «Il est l'heure de s'enivrer! Pour

n'être pas les esclaves martyrisés du Temps, enivrez-vous sans cesse!

De vin, de poésie ou de vertu, à votre guise.»

Exercice 4   Marquez l'intonation par des flèches dans le passage suivant, tiré de *L'Avare* par Molière (Acte IV, scène 7).

Au voleur! Au voleur! À l'assassin! au meurtrier! Justice! juste

ciel! je suis perdu, je suis assassiné, on m'a coupé la gorge, on m'a

dérobé mon argent.

Qui peut-ce être? Qu'est-il devenu? Où est-il? Où se cache-t-il?

Que ferais-je pour le trouver? Où courir? Où ne pas courir? N'est-il

point là? N'est-il point ici?

Qui est-ce? Arrêté. Rends-moi mon argent, coquin. (Il se prend

lui-même le bras.) Ah! c'est moi. Mon esprit est troublé, et j'ignore où

je suis, qui je suis et ce que je fais.

Exercices oraux (cassette 3A)

Exercice 1   Répétez les phrases suivantes, en faisant très attention à l'intonation.

1. Mon père cherche.
   Mon père cherche quelqu'un.
   Mon père cherche quelqu'un qui puisse l'aider.
   Mon père cherche quelqu'un qui puisse l'aider à finir.
   Mon père cherche quelqu'un qui puisse l'aider à finir le projet.
   Mon père cherche quelqu'un qui puisse l'aider à finir le projet qu'il a
      commencé.

Mon père cherche quelqu'un qui puisse l'aider à finir le projet qu'il a commencé il y a six mois.

2. Regardez!
   Regardez le petit chat!
   Regardez le petit chat gris!
   Regardez le petit chat gris qui vient d'entrer!
   Regardez le petit chat gris qui vient d'entrer par la fenêtre!
   Regardez le petit chat gris qui vient d'entrer par la fenêtre du salon!

3. Finissez!
   Finissez les excrcices!
   Finissez les exercices écrits!
   Finissez les exercices écrits de la page dix!
   Finissez les exercices écrits de la page dix avant d'arriver!
   Finissez les exercices écrits de la page dix avant d'arriver en classe!

4. Avez-vous compris?
   Avez-vous compris la dernière question?
   Avez-vous compris la dernière question que le professeur a posée?
   Avez-vous compris la dernière question que le professeur a posée à l'examen?
   Avez-vous compris la dernière question que le professeur a posée à l'examen final?
   Avez-vous compris la dernière question que le professeur a posée à l'examen final vendredi dernier?

5. Pourquoi?
   Pourquoi est-elle partie?
   Pourquoi est-elle partie si vite?
   Pourquoi est-elle partie si vite de la fête?
   Pourquoi est-elle partie si vite de la fête sans parapluie?
   Pourquoi est-elle partie si vite de la fête sans parapluie ni bottes?

6. Viendra-t-elle?
   Viendra-t-elle nous voir?
   Viendra-t-elle nous voir lundi?
   Viendra-t-elle nous voir lundi ou mardi?

Exercice 2 Répétez les phrases de l'exercice écrit 1, en faisant bien attention à l'intonation.

Exercice 3 Répétez le passage de l'exercice écrit 2, en faisant bien attention à l'intonation.

Exercice 4 Répétez le passage de l'exercice écrit 3, en faisant bien attention à l'intonation.

Exercice 5   Répétez le passage de l'exercice écrit 4, en faisant bien attention à l'intonation.

Lectures supplémentaires (intonation)

Voir bibliographie.

EXERCICES DE RÉVISION (PROSODIE)*

Exercices écrits

Exercice 1   Divisez le poème suivant, «Le Corbeau et le renard» par La Fontaine, en groupes rythmiques (n'oubliez pas que plusieurs divisions sont possibles). Ensuite marquez l'intonation par des flèches et indiquez les liaisons obligatoires, interdites et facultatives.

Maître corbeau, sur un arbre perché,

Tenait en son bec un fromage.

Maître renard, par l'odeur alléché,

Lui tint à peu près ce langage!

«Et bonjour, Monsieur du Corbeau.

Que vous êtes joli! Que vous me semblez beau!

Sans mentir, si votre ramage

Se rapporte à votre plumage,

Vous êtes le phénix des hôtes de ces bois.»

À ces mots, le corbeau ne se sent pas de joie;

Et pour montrer sa belle voix,

Il ouvre un large bec, laisse tomber sa proie,

Le renard s'en saisit, et dit: «Mon bon monsieur,

---

*Des passages supplémentaires se trouvent à l'appendice D.

Apprenez que tout flatteur

Vit au dépens de celui qui l'écoute.

Cette leçon vaut bien un fromage sans doute.»

Le corbeau honteux et confus,

Jura, mais un peu tard, qu'on ne l'y prendrait plus.

Exercice 2 Divisez le poème suivant, «La Cigale et la fourmi» par La Fontaine, en groupes rythmiques (n'oubliez pas que plusieurs divisions sont possibles). Ensuite marquez l'intonation par des flèches et indiquez les liaisons obligatoires, interdites et facultatives.

La cigale, ayant chanté tout l'été,

Se trouva fort dépourvue

Quand la bise fut venue.

Pas un seul petit morceau

De mouche ou de vermisseau.

Elle alla crier famine

Chez la fourmi sa voisine,

La priant de lui prêter

Quelque grain pour subsister

Jusqu'à la saison nouvelle.

«Je vous paierai, lui dit-elle,

Avant l'août, foi d'animal,

Intérêt et principal.»

La fourmi n'est pas prêteuse;

C'est là son moindre défaut.

«Que faisiez-vous au temps chaud?»

Dit-elle à cette emprunteuse.

«Nuit et jour à tout venant

Je chantais, ne vous déplaise.»

— «Vous chantiez? J'en suis fort aise.

Eh bien! dansez maintenant.»

Exercice 3   Divisez le passage suivant, «Le Port», tiré du *Spleen de Paris* par Charles Baudelaire, en groupes rythmiques (n'oubliez pas que plusieurs divisions sont possibles). Ensuite marquez l'intonation par des flèches et indiquez les liaisons obligatoires, interdites et facultatives.

Un port est un séjour charmant pour une âme fatiguée des luttes de la

vie. L'ampleur du ciel, l'architecture mobile des nuages, les colorations

changeantes de la mer, le scintillement des phares, sont un prisme

merveilleusement propre à amuser les yeux sans jamais les lasser. Les

formes élancées des navires, au gréement compliqué, auxquels la houle

imprime des oscillations harmonieuses, servent à entretenir dans l'âme

le goût du rythme et de la beauté. Et puis, surtout, il y a une sorte de

plaisir mystérieux et aristocratique pour celui qui n'a plus ni curiosité ni

ambition, à contempler, couché dans le belvédère ou accoudé sur le

môle, tous ces mouvements de ceux qui partent et de ceux qui

reviennent, de ceux qui ont encore la force de vouloir, le désir de

voyager et de s'enrichir.

Exercice 4 Divisez le passage suivant, tiré du *Journal 1889–1939, Feuillets* par André Gide, en groupes rythmiques (n'oubliez pas que plusieurs divisions sont possibles). Ensuite marquez l'intonation par des flèches et indiquez les liaisons obligatoires, interdites et facultatives.

Les plus importantes découvertes ne sont dues le plus souvent qu'à la prise en considération de tout petits phénomènes, dont on ne s'apercevait jusqu'alors que parce qu'ils faussaient légèrement les calculs, estropiaient insensiblement les prévisions, inclinaient imperceptiblement de-ci de-là le fléau de la balance.

Je songe à la découverte de ces nouveaux «corps simples» en chimie, d'isolation si difficile. Je songe surtout à la décomposition des corps simples, des «corps» que la chimie considérait comme «simples» jusqu'aujourd'hui. Je songe qu'en psychologie il n'y a pas de sentiments simples et que bien des découvertes dans le cœur de l'homme restent à faire.

Exercice 5 Divisez le passage suivant, tiré du *Journal 1889–1939, Feuillets* par André Gide, en groupes rythmiques (n'oubliez pas que plusieurs divisions sont possibles). Ensuite marquez l'intonation par des flèches et indiquez les liaisons obligatoires, interdites et facultatives.

Revenu de Zurich à Neuchâtel, 1er mai (1927)

Ville engourdie dans un brouillard argenté, que, vers midi, le soleil dissipe. Tout le monde au culte car c'est dimanche. Je m'assieds sur un banc, en face du lac dont, ce matin, le brouillard cachait la rive opposée et qui prenait un aspect... de Mer du Nord. (Longtemps, je cherche en vain l'épithète de quatre syllabes qui conviendrait.) Volontiers j'habiterais à Neuchâtel, où le souvenir de Rousseau rôde encore, et où

les enfants sont plus beaux que partout ailleurs (au-dessous de 16 ans,

pas admis au cinéma). Le sol de la ville est si propre que je n'ose y jeter

ma cigarette.

Toutes les pensées de ces gens qui circulent, un livre de «psaumes

et cantiques» sous le bras, sont blanchies et repassées par le sermon

qu'ils viennent d'entendre, bien rangées dans leur tête comme dans une

armoire à linge propre. (Je voudrais fouiller dans le tiroir d'en bas; j'ai

la clef.) Des cloches sonnent. Est-ce l'heure d'un nouveau culte, ou du

déjeuner? Les quais se vident.

Exercices oraux (cassette 3B)

Exercice 1   Répétez le poème «Le Corbeau et le renard», donné dans
l'exercice écrit 1, en faisant bien attention à l'enchaînement, à la liaison,
à l'accent, au rythme et à l'intonation.

Exercice 2   Répétez le poème «La Cigale et la fourmi», donné dans l'exercice écrit 2, en faisant bien attention à l'enchaînement, à la liaison, à
l'accent, au rythme et à l'intonation.

Exercice 3   Répétez le passage «Le Port», donné dans l'exercice écrit 3,
en faisant bien attention à l'enchaînement, à la liaison, à l'accent, au rythme
et à l'intonation.

Exercice 4   Répétez le passage tiré du *Journal 1889–1939, Feuillets*,
donné dans l'exercice écrit 4, en faisant bien attention à l'enchaînement, à
la liaison, à l'accent, au rythme et à l'intonation.

Exercice 5   Répétez le passage tiré du *Journal 1889–1939, Feuillets*,
donné dans l'exercice écrit 5, en faisant bien attention à l'enchaînement, à
la liaison, à l'accent, au rythme et à l'intonation.

Deuxième Partie

LES VOYELLES

ET LES

SEMI-VOYELLES

INTRODUCTION

Les sons d'une langue se divisent en trois catégories: voyelles, consonnes et semi-voyelles (appelées aussi semi-consonnes). Une voyelle est un son pour lequel l'air venant des poumons sort sans obstacle par la bouche (et aussi par le nez dans le cas des voyelles nasales). Dans la production d'une consonne, au contraire, l'air rencontre un obstacle — soit complet soit partiel — dans son passage vers l'extérieur. Pour illustrer cette différence, comparons la voyelle [a] à la consonne [p]. Pour la voyelle, l'air passe de façon ininterrompue par la bouche, mais pour la consonne, le passage de l'air est arrêté momentanément par l'obstacle formé par les deux lèvres. Pour les semi-voyelles, le passage de l'air est plus fermé que pour les voyelles mais n'est toutefois ni obstrué ni étroitement fermé comme pour les consonnes. Comparez les trois sons suivants.

[i] (voyelle): l'air passe sans obstacle entre la partie antérieure de la langue et le palais dur

[j] (semi-voyelle): l'espace entre la partie antérieure de la langue et le palais dur est plus étroit que pour [i] mais reste ouvert

[ʒ] (consonne): l'air rencontre un obstacle partiel entre la partie antérieure de la langue et le palais dur, ce qui produit une friction

On décrit les voyelles à l'aide des quatre paramètres suivants, définis en fonction de leur articulation.

1. La partie de la langue qui se soulève ou s'abaisse pour articuler la voyelle: *antérieures* ou *postérieures*; par exemple, [y] ou [u]

2. La position des lèvres: *écartées* ou *arrondies;* par exemple, [i] ou [y]

3. L'aperture de la bouche: *très fermées, fermées, ouvertes* ou *très ouvertes;* par exemple, [i], [e], [ɛ] ou [a]

4. Le passage de l'air: *orales* ou *nasales;* par exemple, [a] ou [ã]

DIFFÉRENCES ENTRE LES VOYELLES DU FRANÇAIS ET CELLES DE L'ANGLAIS

On distingue généralement trois types de différences entre les voyelles du français et celles de l'anglais.

1. Quand on compare le système vocalique du français à celui de l'anglais, on constate qu'il y a plus de voyelles arrondies et plus de voyelles antérieures en français qu'en anglais. De plus, les voyelles très fermées en français sont plus fermées que les voyelles anglaises correspondantes.

2. Les voyelles françaises ne sont jamais diphtonguées, c'est-à-dire que la tension musculaire des mâchoires, des lèvres et de la langue est soutenue pendant toute la durée de la voyelle, ce qui assure la pureté du son. En anglais, par contre, dans la prononciation d'une voyelle il y a souvent dans la même syllabe un mouvement de la langue jusqu'à une position plus haute dans la bouche; par exemple, [i] devient [j], [u] devient [w]. On appelle diphtongue cette combinaison voyelle/semi-voyelle. Pour la voyelle du mot anglais «sea», la langue commence donc dans la position de prononciation de [i], mais s'élève un peu pour finir dans la position de [j]: [si^j]. Mais dans le mot français «si», les organes de la parole gardent la même position pendant toute la durée de la voyelle: [si]. Comparez aussi:

français	*anglais*
dé [de]	day [de^j]
tout [tu]	two [tu^w]

3. Les voyelles françaises ont, en syllabe inaccentuée, une prononciation très proche de celle qu'elles ont en syllabe accentuée. (L'exception est la voyelle [ə], qui disparaît quelquefois en position inaccentuée: mon p'tit ami.) La syllabe accentuée en français est toujours la dernière syllabe du groupe rythmique. Cette prononciation de la voyelle inaccentuée en français a une importance particulière pour l'étudiant anglophone, car en anglais la voyelle inaccentuée tend à devenir une voyelle neutre [ə] ou à disparaître complètement. Étudiez les exemples suivants de voyelles inaccentuées dans les deux langues, où le signe / marque l'accent tonique.

français	*anglais*
économíe [ɔ]	ecónomy [ə]
musicalité [a]	músical [ə]
professeur de máths [œ]	proféssor [ə]
capitale [i]	cápital [ə]
Barbará [a]	Bárbara [ə] *ou* muet

Chapitre *3*

Étude détaillée des voyelles orales

ARTICULATION DES VOYELLES ORALES

On peut diviser les voyelles orales en trois groupes en fonction de leur articulation. Ces trois séries (dont deux antérieures et une postérieure) sont représentées schématiquement dans le tableau 3.1, qui précise leur position dans la bouche.

Toutes les voyelles représentées dans le tableau 3.1 sont orales, c'est-à-dire que pour les produire, l'air passe uniquement par la bouche. Jetons un coup d'œil sur les autres caractéristiques de ces trois séries de voyelles avant d'examiner chaque série en détail.

La première série consiste en [i], [e], [ɛ] et [a]. Selon les critères donnés ci-dessus pour caractériser les voyelles, ces voyelles sont *anté-*

Tableau 3.1   L'articulation des voyelles orales

Position de la langue	Antérieure		Postérieure	
Position des lèvres	*Écartées*	*Arrondies*	*Écartées*	*Arrondies*
Série	*1*	*2*		*3*
Aperture de la bouche				
Très fermée	i	y		u
Fermée	e	ø		o
		ə		
Ouverte	ɛ	œ		ɔ
Très ouverte	a		(ɑ)	

rieures (la partie antérieure de la langue se soulève vers le palais) et *écartées* (les lèvres ne sont pas arrondies). Ce qui différencie les quatre voyelles est l'aperture de la bouche: [i] est *très fermée*, [e] *fermée*, [ɛ] *ouverte* et [a] *très ouverte*.

La deuxième série consiste en [y], [ø] et [œ]. Ces voyelles sont *antérieures* et *arrondies;* [y] est *très fermée*, [ø] *fermée* et [œ] *ouverte*.

La troisième série consiste en [u], [o] et [ɔ]. Ces voyelles sont toutes trois *postérieures* (la partie postérieure de la langue se soulève vers le palais) et *arrondies;* [u] est *très fermée*, [o] *fermée* et [ɔ] *ouverte*.

La voyelle [ə] a une articulation très proche de celle de [ø] et de [œ]. Elle est *antérieure* (un peu plus centrale que [ø] et [œ]) et *arrondie* et *varie* *entre fermée et ouverte*. La différence entre [ə], [ø] et [œ] est déterminée par leur environnement; voir chapitre 5.

La voyelle [ɑ] est une variante *postérieure* de la voyelle [a]. Cette variante est *écartée* et *très ouverte*. Elle se trouve dans une quantité très limitée de mots, et la fréquence de prononciation du [ɑ] décroît actuellement. Pour son emploi, voir discussion de [a] et [ɑ], ci-dessous.

PREMIÈRE SÉRIE: [i], [e], [ɛ], [a]

Dans la production de ces quatre voyelles, les lèvres sont écartées, la pointe de la langue reste derrière les dents inférieures et la partie antérieure de la langue est soulevée vers le palais dur. La différence de prononciation entre ces quatre voyelles réside dans l'aperture de la bouche, c'est-à-dire, dans la hauteur de la partie antérieure de la langue par rapport au palais. Comparez la largeur du passage de l'air dans les dessins de la figure 3.1.

La voyelle [i]

Orthographe

Le son [i] en français correspond aux lettres *i, î* et *y* de la langue écrite:

si [si]   île [il]   stylo [sti lo]

Articulation

Mettez la pointe de la langue derrière les dents inférieures. Écartez les lèvres et soulevez la partie antérieure de la langue (sans bouger la pointe de la langue) vers le palais dur sans le toucher (voir figure 3.1). Quand vous prononcez le son, maintenez la tension musculaire des lèvres, de la langue et des mâchoires, pour éviter une diphtongue. Comparez l'anglais «sea» [siʲ] au français «si» [si]. L'étudiant anglophone doit s'efforcer de

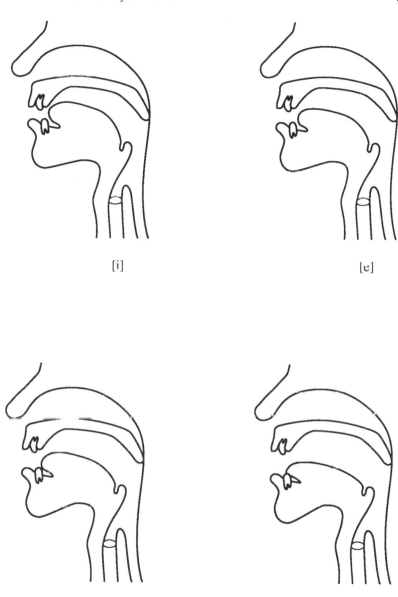

[i]

[e]

[ε]

[a]

Figure 3.1
La première série des voyelles orales: [i], [e], [ε], [a].

prononcer toujours une voyelle très fermée, surtout en position inaccentuée. Dans cette position en anglais, on prononce souvent une voyelle plus ouverte; par exemple, la voyelle du mot anglais «bit» [bIt]. Comparez l'anglais «Emily» [ɛmIli] au français «Émilie» [e mi li].

EXERCICES D'APPLICATION

Exercices oraux (cassette 4A)

Exercice 1   Répétez les paires suivantes. Dans chaque paire, le premier mot contient la diphtongue anglaise [iʲ] et le deuxième, la voyelle française [i]. Faites bien attention à garder constante la tension de la voyelle française.

sea / si	plea / pli	dean / dîne
we / oui	lee / lit	read / ride
me / mi	peal / pile	seat / cite
fee / fit	feel / fil	teak / tic
knee / ni	fear / firent	peak / pic
ski / ski	dear / dirent	

Exercice 2   Répétez les paires suivantes. Dans chaque paire, le premier mot est en anglais et le deuxième en français. Faites bien attention à prononcer la voyelle très fermée [i] dans les mots français, surtout quand [i] se trouve en position inaccentuée.

magic / magique	mobilization / mobilisation
fantastic / fantastique	civilization / civilisation
pensive / pensive	habitation / habitation
active / active	Philip / Philippe
stability / stabilité	society / société
visibility / visibilité	isolation / isolation
republican / républicain	ideal / idéal
Virginia / Virginie	idea / idée
Emily / Émilie	idol / idole
philosophy / philosophie	diamond / diamant
compliment / compliment	pile / pile
director / directeur	China / Chine
guitar / guitare	pipe / pipe
initial / initial	sire / sire

Exercice 3 Répétez les mots suivants, en faisant bien attention à prononcer un [i] très fermé et pur.

stylo	il arrive	ils lisent	sénile
Asie	actif	ils finissent	ville
ici	active	ils grandissent	tranquille
Paris	sportif	ils pâlissent	mille
aboli	sportive	ils rougissent	difficile
joli	juif	ils périssent	ministre
midi	juive	chic	registre
il le dit	actrice	île	fleuriste
il finit	conservatrice	pile	

Exercice 4 Répétez les vers suivants, en faisant bien attention à prononcer un [i] très fermé.

Cri, cri, cri, cri, cri.
Qui vient par ici?
Cri, cri, cri, cri, cri.
C'est la petite souris.
   (vers traditionnels)

Exercice 5 Répétez le dialogue suivant, en faisant attention à bien prononcer la voyelle [i].

— Dis, Marie, qui sera ici en ville mardi?
— Sophie rend visite à sa fille Annie. Elle sera ici.
— Et Yves? Il a fini son stage à Nîmes?
— Oui, mais il m'a dit qu'il irait vivre en Chine.
— En Chine? En Asie? Quelle surprise!
— Oui, moi aussi, je suis surprise. Depuis qu'il habite ici, il exprime son désir de vivre en Floride, et maintenant il annonce son départ pour l'Asie.

Exercice 6 Répétez les deux premières strophes de «Recueillement» par Charles Baudelaire, en faisant bien attention aux voyelles.

Sois sage, ô ma Douleur, et tiens-toi plus tranquille,
Tu réclamais le Soir; il descend; le voici:
Une atmosphère obscure enveloppe la ville,
Aux uns portant la paix, aux autres le souci.

> Pendant que des mortels la multitude vile,
> Sous le fouet du Plaisir, ce bourreau sans merci,
> Va cueillir des remords dans la fête servile,
> Ma Douleur, donne-moi la main; viens par ici....

Exercices écrits

Exercice 1   Transcrivez le dialogue de l'exercice oral 5 à l'aide de symboles phonétiques.

Exercice 2   Transcrivez les vers de l'exercice oral 6 à l'aide de symboles phonétiques.

La voyelle [e]

Orthographe

Le son [e] en français correspond aux lettres *é, ée, es, ai, ei* de la langue écrite et aux terminaisons verbales *er, ez:*

été [e te]   parlée [par le]   mes [me]   j'ai [ʒe]

peiner [pe ne]   parler [par le]   parlez [par le]

Articulation

Mettez la pointe de la langue derrière les dents inférieures. Écartez les lèvres et soulevez la partie antérieure de la langue (sans bouger la pointe de la langue) vers le palais dur mais moins haut que pour le son [i] (voir figure 3.1). Quand vous prononcez [e], gardez constante la tension musculaire des lèvres, de la langue et des mâchoires, pour éviter une diphtongue. Comparez le mot anglais «day» [deʲ] au mot français «dé» [de]. La prononciation de la voyelle fermée [e] demande un grand effort pour l'étudiant anglophone, surtout lorsque celle-ci est en position inaccentuée, car on prononcerait alors une voyelle plus ouverte en anglais. Comparez le mot anglais «elephant» [ɛllfənt] au mot français «éléphant» [e le fɑ̃]. Il faudra enfin éviter de prononcer [e] comme la voyelle très fermée [i] du mot anglais «hero». Le mot français «héros» se prononce [e ro].

EXERCICES D'APPLICATION

Exercices oraux (cassette 4A)

Exercice 1   Répétez les paires suivantes. Dans chaque paire, le premier mot contient la diphtongue anglaise [eʲ] et le deuxième, la voyelle française [e]. Faites bien attention à maintenir la tension de la voyelle française.

day / dé	say / ses	lay / les	fay / fée	pray / pré
may / mes	gay / gué	bay / bé	nay / né	okay / oké

Exercice 2 Répétez les paires suivantes. Dans chaque paire, le premier mot est en anglais et le deuxième en français. Faites bien attention à prononcer la voyelle fermée [e] dans les mots français, surtout quand [e] se trouve en position inaccentuée.

elephant / éléphant	pedal / pédale	medieval / médiéval
electric / électrique	petition / pétition	reflex / réflexe
emotion / émotion	sedition / sédition	region / région
federal / fédéral	hero / héros	senile / sénile
medical / médical	legion / légion	
necessity / nécessité	legal / légal	

Exercice 3 Répétez les mots suivants, en faisant bien attention à prononcer un [e] pur.

répéter	égoïste	théâtre	enseigner	attendez
nez	déboucher	gré	peiner	regardez
été	armée	chez	saigner	je l'ai
arrivé	acré	désolé	daigner	je l'ai aidé
aigu	thé	téléphoner	répondez	je regardai
éléphant	théorie	souper	écoutez	je cherchai

Exercice 4 Répétez le dialogue suivant, en faisant attention à bien prononcer la voyelle [e].

— André, je suis désolée, j'ai perdu vos clés.
— Écoutez, ce sont les seules que j'ai. Où les avez-vous laissées?
— Attendez, je les ai peut-être oubliées chez René...
— Et ensuite, où êtes-vous allée?
  — Je suis rentrée à la maison pour souper.
  Téléphonez à René. Peut-être qu'il les a trouvées.

Exercice écrit

Transcrivez le dialogue de l'exercice oral 4 à l'aide de symboles phonétiques.

La voyelle [ɛ]

Orthographe

Le son [ɛ] en français correspond aux lettres *è, ê, e, ai, ay, ei* de la langue écrite:

lève [lɛv]   tête [tɛt]   elle [ɛl]   laide [lɛd]

ayons [ɛ jɔ̃]   peine [pɛn]

Exception: événement [e vɛn mɑ̃].

Articulation

Mettez la pointe de la langue derrière les dents inférieures. Écartez les lèvres et soulevez la partie antérieure de la langue (sans bouger la pointe de la langue) vers le palais dur mais moins haut que pour le son [e] (voir figure 3.1). La voyelle anglaise du mot «bet» ressemble beaucoup à la voyelle française du mot «bête». La voyelle française est cependant un peu plus ouverte et plus tendue que la voyelle anglaise.

EXERCICES D'APPLICATION

Exercices oraux (cassette 4A)

Exercice 1   Répétez les paires suivantes. Dans chaque paire, le premier mot est en anglais et le deuxième en français. Faites bien attention à maintenir la tension de la voyelle française.

bet / bête	men / mène	Ed / aide	red / raide
debt / dette	pen / peine	says / seize	sell / selle
met / mette	chef / chef	said / cède	tell / tel
bell / belle	pair / paire	led / laide	

Exercice 2   Répétez les mots et la phrase qui suivent, en faisant bien attention à la prononciation du [ɛ] français.

cher	claire	chaise	chèque	abstraite
mère	cette affaire	peine	serviette	faite
frère	asperge	veine	retraite	adresse
aile	arrière	payant	taire	messe
belle	faible	avec	plaire	

La maîtresse va mettre des tresses très traîtresses.

Exercice 3 Répétez le passage suivant, en faisant attention à bien prononcer la voyelle [ɛ].

> Claire appelle sa belle-mère. Elle demande si celle-ci accepte de garder sa fille Gisèle pendant qu'elle se promène avec Michel. La grand-mère aime Gisèle et accepte avec plaisir. Alors Claire l'emmène chez elle.

Exercice 4 Répétez le poème «Lucie» par Alfred de Musset, en faisant bien attention aux voyelles.

> Mes chers amis, quand je mourrai,
> Plantez un saule au cimetière.
> J'aime son feuillage éploré,
> La pâleur m'en est douce et chère,
> Et son ombre sera légère
> À la terre où je dormirai.

Exercice 5 Répétez les vers suivants, tirés du poème «Le Balcon» par Charles Baudelaire, en faisant bien attention aux voyelles.

> Mère des souvenirs, maîtresse des maîtresses,
> Ô toi, tous mes plaisirs! ô toi, tous mes devoirs!
> Tu te rappelleras la beauté des caresses,
> La douceur du foyer et le charme des soirs,
> Mère des souvenirs, maîtresse des maîtresses!

Exercices écrits

Exercice 1 Transcrivez le passage donné dans l'exercice oral 3 à l'aide de symboles phonétiques.

Exercice 2 Transcrivez le poème «Lucie», donné dans l'exercice oral 4, à l'aide de symboles phonétiques.

Exercice 3 Transcrivez les vers de l'exercice oral 5 à l'aide de symboles phonétiques.

Les voyelles d'aperture moyenne: [c] et [ɛ]

On appelle les voyelles fermées et ouvertes «voyelles d'aperture moyenne» parce qu'elles ne sont ni très fermées ni très ouvertes. Ces paires de voyelles (une paire dans chaque série vocalique — [e] / [ɛ], [ø] / [œ] et [o] / [ɔ]) posent le plus grand nombre de problèmes aux étudiants de phonétique quand il s'agit de la relation entre son et orthographe; une même orthographe peut donner lieu soit à la voyelle fermée soit à la voyelle ouverte.

Comme l'orthographe ne nous aide pas dans ce cas, il faut tenir compte d'autres facteurs. Ces facteurs se réduisent essentiellement au type de syllabe dans laquelle se trouve la voyelle en question. Rappelez-vous que la dernière syllabe du mot isolé ou du groupe rythmique porte l'accent tonique et est donc accentuée. Les autres syllabes sont prétoniques et donc inaccentuées. Toutes les syllabes, accentuées et inaccentuées, sont soit fermées (c'est-à-dire, terminées par une consonne prononcée) soit ouvertes (terminées par une voyelle prononcée). La position de la voyelle, en syllabe accentuée ou inaccentuée, fermée ou ouverte, va nous aider à décider de la prononciation quand nous ne pouvons pas nous baser uniquement sur l'orthographe.

Comme nous venons de le voir, les lettres *é, ée* et les terminaisons verbales *ez, er* donnent lieu au son [e], tandis que *è, ê* se prononcent [ɛ]. Mais pour les lettres *e, ai, ay, ei,* on entend parfois [e] et parfois [ɛ]:

> *e:* mes [me], pelle [pɛl]
>
> *ai:* j'ai [ʒe], j'aide [ʒɛd]
>
> *ay:* ayez [e je], ayons [ɛ jɔ̃]
>
> *ei:* peiner [pe ne], peine [pɛn]

Examinons les facteurs qu'il faut considérer pour prendre une décision quant à la prononciation [e] ou [ɛ].

Syllabe fermée accentuée

Si la syllabe accentuée est fermée (on représente la syllabe fermée par VC), on prononce toujours un [ɛ] ouvert:

> VC = [ɛ]
>
> telle [tɛl]
>
> mette [mɛt]
>
> fraise [frɛz]
>
> laide [lɛd]
>
> veine [vɛn]

Syllabe ouverte accentuée

Dans la syllabe accentuée et ouverte (CV), on trouve des voyelles fermées et ouvertes. Dans la majorité des cas, en syllabe ouverte, on prononce un [e] fermé:

> mes [me]   chez [ʃe]   j'ai [ʒe]

Mais dans certains mots, dont les principaux sont notés ci-dessous, on prononce un [ɛ] ouvert en syllabe ouverte accentuée.

◆ Les verbes terminés par *ai* et au moins une autre lettre écrite:

> j'aie [ʒɛ]   je parlais [ʒə par lɛ]
>
> il parlerait [il par lə rɛ]   ils parlaient [il par lɛ]

◆ Le verbe «être» à la troisième personne du singulier (indicatif):

> Il est [i lɛ]

◆ Les mots (à l'exception des verbes) terminés par les lettres suivantes:

> *ai:* balai [ba lɛ]
>
> *aie:* craie [krɛ]
>
> *ais:* palais [pa lɛ]
>
> *aix:* paix [pɛ]
>
> *ait:* lait [lɛ]
>
> *aid:* laid [lɛ]
>
> *et:* ballet [ba lɛ]

Dans la langue standard, on distingue donc les paires suivantes:

[e]	[ɛ]
pré [pre]	près [prɛ]
mes [me]	mais [mɛ]
tes [te]	tais [tɛ]
des [de]	dès [dɛ]
fée [fe]	fait [fɛ]
et [e]	il est [i lɛ]
je parlerai (futur)	je parlerais (conditionnel)
[ʒə par lə re]	[ʒə par lə rɛ]
je parlai (passé simple)	je parlais (imparfait)
[ʒə par le]	[ʒə par lɛ]

Il faut dire que, quoique standard, cette distinction entre [e] et [ɛ] en syllabe accentuée et ouverte n'est pas observée par beaucoup de Français. Il existe en outre des locuteurs qui ne prononcent le [ɛ] ouvert en syllabe accentuée et ouverte que dans certaines situations, pour élever leur niveau de langue. En outre, certains dialectes (surtout ceux du Midi de la France) n'ont pas de variation en syllabe ouverte, prononçant systématiquement un

[e] fermé dans toutes les syllabes ouvertes et un [ɛ] ouvert dans toutes les syllabes fermées.

Syllabe ouverte ou fermée inaccentuée

Dans la syllabe inaccentuée, il y a souvent une hésitation entre la voyelle fermée [e] et la voyelle ouverte [ɛ]. Pour «m*ai*son» on entend [me zɔ̃] ou [mɛ zɔ̃], pour «*e*ssence» [e sɑ̃s] ou [ɛ sɑ̃s], pour «*te*rrible» [te ribl] ou [tɛ ribl]. On entend même quelquefois un son intermédiare (représenté par le symbole [E]) en syllabe prétonique: [mE zɔ̃], [E sɑ̃s], [tE ribl].

Harmonisation vocalique

Si la syllabe prétonique est ouverte et contient une voyelle moyenne ([e] ou [ɛ], ainsi que [ø] ou [œ], [o] ou [ɔ]), la prononciation de cette voyelle peut être influencée par l'aperture de la voyelle dans la syllabe tonique. Si la voyelle tonique est fermée, la voyelle prétonique a tendance à se fermer aussi, au lieu de se prononcer ouverte ou, dans le cas de la première série, [E]. Et si la syllabe tonique contient une voyelle ouverte, la syllabe prétonique aura souvent aussi une voyelle ouverte. On désigne ce phénomène par le terme d'*harmonisation vocalique*. Par exemple:

> *ai*mer [e me] *mais ai*mant [ɛ mɑ̃]

> *ay*ez [e je] *mais ay*ant [ɛ jɑ̃]

Il est à noter toutefois que malgré la tendance à l'harmonisation vocalique, on peut prononcer aussi bien la voyelle fermée que la voyelle ouverte. La prononciation d'une voyelle intermédiaire (ici, [E]) est aussi acceptable.

> aimer [e me], [ɛ me], [E me]

> aimant [ɛ mɑ̃], [e mɑ̃], [E mɑ̃]

> ayez [e je], [ɛ je], [E je]

> ayant [ɛ jɑ̃], [e jɑ̃], [E jɑ̃]

Pour la distribution des voyelles moyennes [e] et [ɛ] dans les divers types de syllabes, voir tableau 3.2.

Il est intéressant de se rappeler que dans certains verbes de la première conjugaison, l'orthographe change lorsque le verbe est conjugué. Ce changement reflète celui de la prononciation, qui varie selon la structure syllabique.

CV: [e]	CVC: [ɛ]
répéter [re pe te]	je répète [ʒə re pɛt]
céder [se de]	ils cèdent [il sɛd]
posséder [pɔ se de]	tu possèdes [ty pɔ sɛd]

Tableau 3.2 La distribution des voyelles moyennes [e], [ɛ]: Résumé

	Structure syllabique	
	VC (fermée)	CV (ouverte)
Syllabe accentuée	[ɛ] (toujours): belle [bɛl]	[e] en général, mais [ɛ] dans des cas orthographiques spécifiques: mes [me], mais [mɛ]
Syllabe inaccentuée	[e], [E], [ɛ] (variation possible dans un mot): maison [me zɔ̃] [mE zɔ̃] [mɛ zɔ̃] (influence: harmonisation vocalique)	

Lectures supplémentaires ([e], [ɛ])

Voir bibliographie.

EXERCICES D'APPLICATION

Exercices oraux (cassette 4A)

Exercice 1 Répétez les expressions suivantes, qui contiennent toutes la voyelle ouverte [ɛ] en syllabe ouverte.

un balai	le ballet	il le fait exprès	ils l'achèteraient
la craie	la forêt	j'y dansais	je le ferais
le palais	le progrès	il la chantait	je voudrais
la paix	en effet	tu le mangeais	
le lait	c'est parfait	elle y voyageait	

Exercice 2 Répétez les paires de mots ou d'expressions suivantes. Dans chaque paire, la première expression contient la voyelle fermée [e] et la deuxième, la voyelle ouverte [ɛ].

l'épée / épais	tes / tu te tais
la clé / la claie	je parlerai / je parlerais
mes / mais	je parlai / je parlais
des / dès	répéter / je répète
une fée / un fait	céder / je cède
et / est	posséder / je possède
le pré / il est près	célébrer / elle célèbre

Exercice 3   Répétez les phrases suivantes, en faisant bien attention aux voyelles [e] et [ɛ].

   1. Il fait des économies de bouts de chandelles. (expression idiomatique)
   2. Thérèse répète qu'elle voudrait assister au ballet mais qu'elle préférerait y aller seule.

Exercice 4   Répétez les vers suivants, tirés de «La Nuit de mai» par Alfred de Musset. Faites bien attention aux voyelles.

> Comme il fait noir dans la vallée
> J'ai cru qu'une forme voilée
> Flottait là-bas sur la forêt.
> Elle sortait de la prairie;
> Son pied rasait l'herbe fleurie:
> C'est une étrange rêverie;
> Elle s'efface et disparaît.

Exercices écrits

Exercice 1   Transcrivez les phrases de l'exercice oral 3 à l'aide de symboles phonétiques.

Exercice 2   Transcrivez les vers de l'exercice oral 4 à l'aide de symboles phonétiques.

Exceptions à la prononciation [e] ou [ɛ] pour les lettres *e*, *ai*, *ay*

Il y a huit groupes de mots dans lesquels les lettres *e*, *ai*, *ay* ne se prononcent ni [e] ni [ɛ]. Ces exceptions sont montrées ci-dessous.

   1. Le mot «*femme*» [fam], la terminaison adverbiale «*-emment*» [a mã] (récemment [re sa mã]), le mot «*sol*ennel» [sɔ la nɛl]
   2. Les lettres *ai*, qui se prononcent [ə] dans toutes les formes de deux syllabes du verbe «faire», ainsi que dans les mots d'au moins deux syllabes dérivés du verbe «faire»:

> nous f*ai*sons [nu fə zɔ̃]
>
> je f*ai*sais [ʒə fə zɛ] (imparfait)
>
> inf*ai*sable [ɛ̃ fə zabl]
>
> en f*ai*sant [ã fə zã]

3. Les lettres *ai* suivies de la lettre *l* à la fin du mot, qui se prononcent [aj]: trav*ail* [tra vaj]

4. Les lettres *ai* suivies des lettres *ll* à l'intérieur du mot, qui se prononcent [aj]: Vers*ailles* [vɛr saj], *ail*leurs [a jœr])

5. Les lettres *aï* (avec le tréma), qui se prononcent [ai]: h*aïr* [air]

6. Le mot «pays» [pe i], ses mots dérivés «paysage» [pe i zaʒ], «paysans» [pe i zã] et le mot «abbaye» [a be i]

7. Les voyelles nasales (voir chapitre 4): b*ain* [bɛ̃], *ten*dre [tɑ̃dr]

8. Le *e muet* (voir chapitre 5): r*e*voir [rə vwar]

EXERCICES D'APPLICATION

Exercice écrit

Transcrivez les mots suivants à l'aide de symboles phonétiques.

1. l'élève	12. le sel	23. il pèse
2. Thérèse	13. j'aime	24. le bonnet
3. cher	14. baisser	25. la femme
4. la fête	15. saine	26. solennel
5. chez	16. très	27. fréquemment
6. mais	17. espère	28. en faisant
7. j'avais	18. des fraises	29. du maïs
8. j'appelle	19. une clé	30. le pays
9. précède	20. une chaise	31. le bail
10. les frères	21. aimer	32. il travaille
11. chéri	22. chantez	

Exercice oral (cassette 4A)

Répétez les mots de l'exercice écrit ci-dessus.

La voyelle [a]

Orthographe

Le son [a] en français correspond à la lettre *a* de la langue écrite: là-bas [la ba]. Les lettres *oi* se prononcent [wa]: oiseau [wa zo]. Remarquez aussi la prononciation exceptionnelle de la lettre *e* qui, suivie des lettres écrites *mm* ou *nn,* se prononce [a]: f*e*mme [fam], sol*e*nnel [sɔ la nɛl], fréqu*e*mment [fre ka mɑ̃] (ainsi que tous les mots avec la terminaison adverbiale -*emment*).

Articulation

Mettez la pointe de la langue derrière les dents inférieures. Écartez les lèvres et ouvrez grand la bouche toujours sans bouger la pointe de la langue (voir figure 3.1). Quand vous prononcez [a], gardez constante la tension musculaire des lèvres, de la langue et des mâchoires. En lisant la lettre *a,* gardez-vous de prononcer la voyelle américaine du mot «cat» (la voyelle [æ]). Cette voyelle n'existe pas en français. Comparez la prononciation du mot anglais «bat» [bæt] et celle du mot français «battent» [bat]. La prononciation de la voyelle [a] fait apparaître un autre problème pour les anglophones à cause de la tendance à prononcer une voyelle neutre, [ə], en position inaccentuée ou d'éliminer tout à fait la voyelle, ce qui caractérise la prononciation anglaise. Comparez le mot anglais «analogy» [ə næ lə dʒi] au mot français «analogie» [a na lɔ ʒi] et l'anglais «Barbara» [bɑr brə] au français «Barbara» [bar ba ra].

EXERCICES D'APPLICATION

Exercices oraux (cassette 4B)

Exercice 1   Répétez les paires suivantes. Dans chaque paire, le premier mot contient la voyelle américaine [æ] et le deuxième, la voyelle française [a]. Faites bien attention à garder constante la tension de la voyelle française.

Canada / Canada	pat / patte	capital / capital
Anne / Anne	mat / maths	latin / latin
madam / madame	cap / cap	
bat / batte	nap / nappe	

Exercice 2   Répétez les expressions suivantes, en faisant bien attention à prononcer la voyelle [a] dans les syllabes inaccentuées.

là-bas	maladie	récemment
applaudir	narratif	Monsieur Latour
appel	parallèle	Mademoiselle Lafleur
appartement	machine	Madame Lamartine
balader	safari	la place est libre
cabaret	solennel	ma mère arrive
façade	fréquemment	elle adore sa fille

Exercice 3 Répétez les phrases suivantes, en faisant attention à bien prononcer la voyelle [a].

1. Anne va à l'Académie avec son amie Annick.
2. La femme de ménage a une maladie de foie.
3. Mademoiselle Valette a apporté sa guitare.
4. Jeanne n'a pas de machine à laver dans son appartement.
5. Sa voiture est récemment tombée en panne.
6. Cherchez la femme.
7. Il a cassé sa pipe. (expression idiomatique)
8. Aide-toi, le Ciel t'aidera. (proverbe)

Exercice 4 Répétez le dialogue suivant, en faisant attention à bien prononcer la voyelle [a].

— Sa femme va au Canada le trois avril.
— Ah bon? Anne aussi, elle est partie récemment pour le Canada.
— Qu'est-ce qu'il y a là-bas?
— Il y a une très bonne Académie des Beaux-Arts.

Exercices écrits

Exercice 1 Transcrivez les phrases de l'exercice oral 3 à l'aide de symboles phonétiques.

Exercice 2 Transcrivez le dialogue de l'exercice oral 4 à l'aide de symboles phonétiques.

Les voyelles très ouvertes: [a] et [ɑ]

Traditionnellement, il existe une deuxième voyelle très ouverte, [ɑ], dont la prononciation est légèrement plus postérieure, ainsi qu'un peu plus arrondie que celle de la voyelle [a]. La voyelle postérieure se trouve dans un petit nombre de mots, parmi lesquels on peut noter les suivants:

◆ Les mots où la lettre *a* est suivie de son [z]:

    base [bɑz]   case [kɑz]   gaz [gɑz]

    phrase [frɑz]   vase [vɑz]

◆ Les mots où la lettre *a* est suivie de la lettre *s* (muette):

    bas [bɑ]   gras [grɑ]   cas [kɑ]   las [lɑ]

    Exception: le mot *bras* [bra]

♦ Les mots qui ont la lettre *â:*

pâte [pɑt]   âne [ɑn]   emplâtre [ɑ̃ plɑtr]   bât [bɑ]

Exceptions: les verbes de la première conjugaison, à l'imparfait du subjonctif et au passé simple:

il chantât [il ʃɑ̃ ta]   vous chantâtes [vu ʃɑ̃ tat]

nous chantâmes [nu ʃɑ̃ tam]

♦ Les mots qui contiennent la combinaison [rwɑ]:

droit [drwɑ]   crois [krwɑ]   roi [rwɑ]

trois [trwɑ]   froid [frwɑ]

Étant donné le nombre limité des mots qui la contiennent, il faut dire que la voyelle [ɑ] a été éliminée en faveur de la voyelle antérieure [a] dans le parler de la plupart des Français d'aujourd'hui. Il y a, certes, des endroits où on entend encore la prononciation [ɑ]; par exemple, dans le parisien populaire et dans la diction des acteurs dans les représentations théâtrales. Mais dans la langue standard, on ne fait plus de distinction entre certaines paires de mots, telles que

patte-pâte   là-las   tache-tâche   rat-ras

Lectures supplémentaires ([a], [ɑ])

Voir bibliographie.

EXERCICES DE RÉVISION (PREMIÈRE SÉRIE)

Exercice de discrimination

Indiquez si les expressions que vous entendez contiennent la voyelle fermée [e] ou la voyelle ouverte [ɛ]. La clé de l'exercice se trouve à la fin de ce chapitre.

	[e]	[ɛ]			[e]	[ɛ]
1.	___	___		6.	___	___
2.	___	___		7.	___	___
3.	___	___		8.	___	___
4.	___	___		9.	___	___
5.	___	___		10.	___	___

	[e]	[ε]			[e]	[ε]
11.	____	____		**13.**	____	____
12.	____	____		**14.**	____	____

Exercices oraux (cassette 4B)

Exercice 1 Répétez les groupes de mots suivants. Chaque groupe représente les sons de la première série de voyelles orales.

1. fit, fée, fait, faite, farce, fâche
2. lit, les, laid, laide, là, las
3. mie, mes, mais, messe, ma, mas
4. rit, ré, rai, raide, rat, ras

Exercice 2 Répétez le poème «Vers sur un album» par Alphonse de Lamartine, en faisant bien attention aux voyelles.

Le livre de la vie est le livre suprême
Qu'on ne peut ni fermer ni rouvrir à son choix;
Le passage attachant ne s'y lit pas deux fois,
Mais le feuillet fatal se tourne de lui-même:
On voudrait revenir à la page où l'on aime,
Et la page où l'on meurt est déjà sous nos doigts!

Exercice 3 Répétez le poème «Barbara» par Jacques Prévert, en faisant bien attention aux voyelles.

Rappelle-toi Barbara
Il pleuvait sans cesse sur Brest ce jour-là
Et tu marchais souriante
Épanouie ravie ruisselante
Sous la pluie
Rappelle-toi Barbara
Il pleuvait sans cesse sur Brest
Et je t'ai croisée rue de Siam
Tu souriais
Et moi je souriais de même
Rappelle-toi Barbara
Toi que je ne connaissais pas
Toi qui ne me connaissais pas
Rappelle-toi
Rappelle-toi quand même ce jour-là

N'oublie pas
Un homme sous un porche s'abritait
Et il a crié ton nom
Barbara
Et tu as couru vers lui sous la pluie
Ruisselante ravie épanouie
Et tu t'es jetée dans ses bras
Rappelle-toi cela Barbara
Et ne m'en veux pas si je te tutoie
Je dis tu à tous ceux que j'aime
Même si je ne les ai vus qu'une seule fois
Je dis tu à tous ceux qui s'aiment
Même si je ne les connais pas
Rappelle-toi Barbara
N'oublie pas
Cette pluie sage et heureuse
Sur ton visage heureux
Sur cette ville heureuse
Cette pluie sur la mer
Sur l'arsenal
Sur le bateau d'Ouessant
Oh Barbara
Quelle connerie la guerre
Qu'es-tu devenue maintenant
Sous cette pluie de fer
De feu d'acier de sang
Et celui qui te serrait dans ses bras
Amoureusement
Est-il mort disparu ou bien encore vivant
Oh Barbara
Il pleut sans cesse sur Brest
Comme il pleuvait avant
Mais ce n'est plus pareil et tout est abîmé
C'est une pluie de deuil terrible et désolée
Ce n'est même plus l'orage
De fer d'acier de sang
Tout simplement des nuages
Qui crèvent comme des chiens
Des chiens qui disparaissent
Au fil de l'eau sur Brest
Et vont pourrir au loin
Au loin très loin de Brest
Dont il ne reste rien.

Exercice 4 Répétez le poème «Le Ciel est, par-dessus le toit» par Paul Verlaine, en faisant bien attention aux voyelles.

> Le ciel est, par-dessus le toit,
>> Si bleu, si calme!
> Un arbre, par-dessus le toit
>> Berce sa palme.
>
> La cloche, dans le ciel qu'on voit,
>> Doucement tinte.
> Un oiseau sur l'arbre qu'on voit
>> Chante sa plainte.
>
> Mon Dieu, mon Dieu, la vie est là,
>> Simple et tranquille.
> Cette paisible rumeur-là
>> Vient de la ville.
>
> — Qu'as-tu fait, ô toi que voilà
>> Pleurant sans cesse,
> Dis, qu'as-tu fait, toi que voilà,
>> De ta jeunesse?

Exercices écrits

Exercice 1 Écrivez le passage qui correspond aux symboles phonétiques suivants. Suivez la ponctuation donnée.

1. [vi vra vɛk se zɛn mi kɔm sil də ve œ̃ ʒu rɛtr no za mi],
2. [e viv ra vɛk no za mi kɔm sil pu ve də və nir no zɛn mi],
3. [nɛ ni sə lɔ̃ la na tyr də la ɛn],
4. [ni sə lɔ̃ le rɛ glə də la mi tje];
5. [sə nɛ pwɛ̃ tyn mak sim mɔ ral],
6. [mɛ pɔ li tik].

> La Bruyère, «Du Cœur», *Les Caractères*

Exercice 2 Transcrivez les mots de l'exercice oral 1 à l'aide de symboles phonétiques.

Exercice 3 Transcrivez le poème «Vers sur un album», donné dans l'exercice oral 2, à l'aide de symboles phonétiques.

Exercice 4 Transcrivez le poème «Barbara», donné dans l'exercice oral 3, à l'aide de symboles phonétiques.

Exercice 5 Transcrivez le poème «Le Ciel est, par-dessus le toit», donné dans l'exercice oral 4, à l'aide de symboles phonétiques.

DEUXIÈME SÉRIE: [y], [ø], [œ]

Dans la production de ces trois voyelles, les lèvres sont arrondies, la pointe de la langue reste derrière les dents inférieures et la partie antérieure de la langue est soulevée vers le palais dur. Ce qui différencie la prononciation de ces trois voyelles est l'aperture de la bouche, la hauteur de la langue et la largeur du passage situé entre la langue et le palais dur, où passe l'air. Comparez la largeur de ce passage dans les dessins de la figure 3.2. Remarquez aussi que la seule différence d'articulation entre la première série de voyelles et la deuxième série, donc entre [i] et [y], [e] et [ø], [ɛ] et [œ], se trouve dans l'arrondissement des lèvres.

La voyelle [y]

Orthographe

Le son [y] en français correspond aux lettres *u* et *û* de la langue écrite: bu [by], sûr [syr]. Une exception à noter est le verbe «avoir» aux temps du passé, où les lettres *eu* se prononcent [y]: j'ai eu [ʒe y], qu'il eût [ki ly].

Articulation

Mettez la pointe de la langue derrière les dents inférieures. Soulevez la partie antérieure de la langue (sans bouger la pointe de la langue) vers le palais dur mais sans le toucher. Maintenant arrondissez les lèvres sans bouger la langue (voir figure 3.2). Quand vous prononcez le son [y], gardez constante la tension musculaire des lèvres, de la langue et des mâchoires, pour éviter une diphtongue. Pour faciliter la prononciation de la voyelle [y], arrondissez les lèvres en disant la voyelle [i] (pointe de la langue tenue fermement derrière les dents inférieures, partie antérieure de la langue soulevée vers le palais dur), puisque [y] est l'équivalent arrondi de [i].

Tendances à éviter

La prononciation de la voyelle [y] en français pose souvent beaucoup de problèmes pour l'étudiant anglophone, car il n'existe pas de voyelle équivalente en anglais standard. L'étudiant doit se garder de trois tendances.

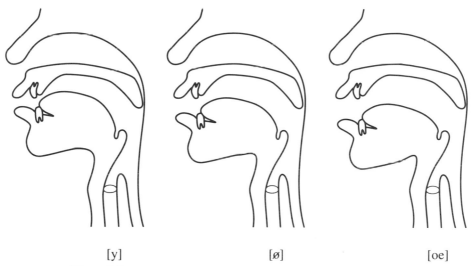

Figure 3.2
La deuxième série des voyelles orales: [y], [ø], [œ].

Tout d'abord, il faut éviter la diphtongue américaine qu'on entend dans le mot «cute». En anglais on prononce souvent la semi-voyelle [j] avant la voyelle postérieure [u]. Comparez le mot anglais «butte» [bjut] (voyelle postérieure diphtonguée) au mot français «butte» [byt] (voyelle antérieure pure). Ensuite, l'étudiant anglophone doit éviter de prononcer la diphtongue qu'on trouve dans le mot anglais «two» [tuʷ]. En français on maintient la tension musculaire des lèvres, de la langue et des mâchoires. La troisième tendance à éviter dans la prononciation de la voyelle [y] c'est de prononcer la voyelle postérieure française [u], du mot «bout» [bu]. Celle-ci est une voyelle pour laquelle l'air passe entre le *dos* de la langue et le *palais mou*. Pour la voyelle antérieure [y], l'air passe entre la partie *antérieure* de la langue et le *palais dur*, et l'articulation a donc lieu plus en avant dans la bouche. Comparez les mots français «tout» [tu] (voyelle postérieure) et «tu» [ty] (voyelle antérieure). Étudiez la différence d'articulation entre [y] et [u] à la figure 3.3 à la page 80.

La prononciation de la voyelle [y] suivie du son [r] pose un problème pour les anglophones, qui ont tendance à prononcer la voyelle [ə] suivie d'une consonne américaine. Il faut s'efforcer de prononcer la voyelle très fermée dans cette combinaison: coiffure [kwa fyr]. Il est aussi important de prononcer le [r] français, en tenant la pointe de la langue derrière les dents inférieures. (Pour le son [r], voir chapitre 7.)

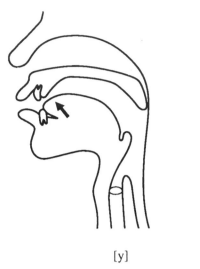
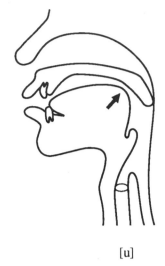

[y]   [u]

Figure 3.3
[y] antérieur et [u] postérieur.

EXERCICES D'APPLICATION

Exercices oraux (cassettes 4B et 5A)

Exercice 1   Répétez les paires suivantes. Dans chaque paire, le premier mot contient la diphtongue anglaise [ju] et le deuxième, la voyelle française [y]. Faites bien attention à garder constante la tension de la voyelle française.

menu / menu	bureau / bureau	lecture / lecture
view / vu	music / musique	agriculture / agriculture
cube / cube	culture / culture	situation / situation
fume / fume	creature / créature	

Exercice 2   Répétez les paires suivantes. Dans chaque paire, le premier mot contient la diphtongue postérieure anglaise [uʷ] et le deuxième, la voyelle antérieure française [y].

new / nu	loot / luth	tool / tulle
two / tu	boot / butte	sued / sud
sue / su	shoot / chute	dune / dune
dew / du	tube / tube	loon / lune
boo / bu	pool / pull	

Exercice 3   Répétez les paires suivantes. Dans chaque paire, le premier mot contient la voyelle postérieure [u] et le deuxième, la voyelle antérieure [y].

bout / bu	four / fur	moule / mule
doux / du	pour / pure	pousse / puce
fou / fut	jour / jure	bouche / bûche
roux / rue	cours / cure	rousse / russe
tout / tu	poule / pull	bourreau / bureau
vous / vu	boule / bulle	

Exercice 4   Répétez les expressions suivantes, en faisant bien attention à prononcer un [y] très fermé et pur.

bu	pu	absolu	abrupt	couru
lu	rendu	muse	fumer	pourvu
su	entendu	cure	accuser	voulu
dû	déjà vu	voiture	allumer	pas du tout

Exercice 5   Répétez les phrases suivantes, en faisant attention à bien prononcer la voyelle [y].

1. Si tu m'eusses cru, tu te fusses tu; te fusses-tu tu, tu m'eusses plus plu.
2. As-tu vu le tutu de tulle de Lili d'Honolulu?

Exercice 6   Répétez les phrases suivantes, en faisant bien attention à prononcer la voyelle très fermée [y] et le [r] français.

1. C'est sa voiture.
2. C'est dur.
3. Il a de l'allure.
4. Elle n'est pas mûre.
5. Je vous jure.
6. C'est sûr.
7. Elle fait une cure.
8. Je l'ai bu au fur et à mesure.

Exercice 7   Répétez le dialogue suivant, en faisant attention à bien prononcer la voyelle [y].

— Tu as entendu? Lucie a eu des jumelles.
— Tu es sûr? Tu les as vues?
— Oui, elles sont brunes.
— Tu aurais dû me téléphoner. Si j'avais su, je serais venue avec toi.
— Excuse-moi. J'ai perdu ton numéro de téléphone.

Exercice 8   Répétez l'anecdote «Les Médecins» par La Fontaine, en faisant bien attention aux voyelles.

Le médecin Tant-pis allait voir un malade
Que visitait aussi son confrère Tant-mieux.
Ce dernier espérait, quoique son camarade
Soutînt que le gisant irait voir ses aïeux.
Tous deux s'étant trouvés différents pour la cure,
Leur malade paya le tribut à Nature,
Après qu'en ses conseils Tant-pis eut été cru.
Ils triomphaient encor sur cette maladie.
L'un disait: «Il est mort; je l'avais bien prévu.
— S'il m'eût cru, disait l'autre, il serait plein de vie.»

Exercices écrits

Exercice 1   Transcrivez les phrases de l'exercice oral 6 à l'aide de symboles phonétiques.

Exercice 2   Transcrivez le dialogue de l'exercice oral 7 à l'aide de symboles phonétiques.

Exercice 3   Transcrivez l'anecdote «Les Médecins», donnée dans l'exercice oral 8, à l'aide de symboles phonétiques.

La voyelle [ø]

Orthographe

Le son [ø] en français correspond aux lettres *eu* et *œu* de la langue écrite: bl*eu* [blø], n*œu*d [nø]. Une exception à noter est le verbe «avoir» aux temps du passé, où les lettres *eu* se prononcent [y]: j'ai eu [ʒe y], qu'il eût [ki ly].

Articulation

Mettez la pointe de la langue derrière les dents inférieures. Soulevez la partie antérieure de la langue (sans bouger la pointe de la langue) vers le palais dur mais moins haut que pour prononcer la voyelle [y]. Maintenant arrondissez les lèvres sans bouger la langue (voir figure 3.2). Quand vous prononcez le son [ø], gardez constante la tension musculaire des lèvres, de la langue et des mâchoires.

EXERCICES D'APPLICATION

Exercices oraux (cassette 5A)

Exercice 1   Répétez les mots suivants, en faisant bien attention à prononcer un [ø] fermé.

adieu	Monsieur	pour eux	je veux	dangereux
bleu	jeu	Dieu	heureux	vaniteux
deux	nœud	je peux	nerveux	

Exercice 2   Répétez les phrases suivantes, en faisant bien attention à prononcer un [ø] fermé.

1. Il a trouvé le juste milieu. (expression idiomatique)
2. Les jeux sont truqués. (expression idiomatique)
3. Quand on veut, on peut. (proverbe)
4. Il n'y a pas de fumée sans feu. (proverbe)
5. On n'est jamais si heureux ni si malheureux qu'on s'imagine. (La Rochefoucauld)

Exercice 3   Répétez le dialogue suivant, en faisant attention à bien prononcer la voyelle [ø].

— Ce jeu avec mes neveux me rend furieux.
— C'est curieux. Normalement tu veux jouer avec eux.
— Oui, peut-être que je suis trop vieux. J'en étais heureux, mais maintenant je le trouve un peu dangereux.
— C'est vrai, surtout quand il pleut. Et tu vas te mouiller les cheveux.

Exercices écrits

Exercice 1   Transcrivez les phrases de l'exercice oral 2 à l'aide de symboles phonétiques.

Exercice 2   Transcrivez le dialogue de l'exercice oral 3 à l'aide de symboles phonétiques.

La voyelle [œ]

Orthographe

Le son [œ] en français correspond aux lettres *eu* et *œu* de la langue écrite: ils *veu*lent [il vœl], s*œu*r [sœr]. On voit aussi l'inversion orthographique *ue* après les lettres *c* et *g*: c*ue*ille [kœj], org*ue*il [ɔr gœj]. Notez que le mot *œil* se prononce [œj].

Articulation

Mettez la pointe de la langue derrière les dents inférieures. Soulevez la partie antérieure de la langue (sans bouger la pointe de la langue) vers le palais dur mais moins haut que pour la voyelle [ø]. Maintenant arrondissez les lèvres sans bouger la langue (voir figure 3.2). Gardez toujours constante la tension musculaire des lèvres, de la langue et des mâchoires. Quand on prononce la voyelle [œ], on doit s'efforcer de prononcer une voyelle ouverte, pour éviter la tendance des anglophones à prononcer un son plus fermé et plus postérieur. Cette tendance est particulièrement forte quand il s'agit de la combinaison [œr]. Comparez la voyelle du mot anglais «sir» à la voyelle du mot français «sœur». La voyelle française est plus ouverte et plus antérieure.

EXERCICES D'APPLICATION

Exercices oraux (cassette 5A)

Exercice 1 Répétez les paires suivantes. Dans chaque paire, le premier mot est en anglais et le deuxième en français. Dans les mots français, faites bien attention à prononcer la voyelle ouverte [œ] et à garder la pointe de la langue derrière les dents inférieures pour la consonne [r].

sir / sœur	actor / acteur
fur / fleur	creator / créateur
burr / beurre	predecessor / prédécesseur
odor / odeur	preceptor / précepteur
professor / professeur	

Exercice 2 Répétez les expressions suivantes, en faisant attention à prononcer une voyelle bien ouverte.

seul	un veuf	un œil	qu'il veuille
jeune	une veuve	l'accueil	il cueille
un œuf	ils peuvent	en deuil	l'orgueil
du bœuf	ils veulent	une feuille	

Exercice 3 Répétez les expressions suivantes, en faisant attention à bien prononcer la combinaison [œr].

un chanteur	sa sœur	les jolies fleurs
une fleur	le beurre	il est conservateur
la peur	j'ai peur	j'ai mal au cœur
mon coiffeur	il meurt	quel malheur
l'ascenseur	il pleure	quel bonheur
l'aspirateur	c'est l'heure	

Exercice 4 La prononciation de la voyelle ouverte [œ] suivie du son [r], tout comme celle de la voyelle fermée [y] suivie de [r], pose un problème pour les anglophones, qui prononcent souvent [ər] dans les deux cas. Répétez les mots et les phrases suivants, en faisant bien attention à prononcer soit la voyelle ouverte [œr] soit la voyelle fermée [yr], selon le cas.

1. d'heure / dure   cœur / cure   meure / mur   sœur / sur
2. lecteur / lecture   censeur / censure   chasseur / chaussure
3. créateur / créature   agriculteur / agriculture   odeur / ordure
coiffeur / coiffure
4. Le chasseur a perdu sa chaussure dans les ordures de l'agriculteur.
5. Le Créateur a dit au professeur de faire faire une lecture aux créatures et aux fleurs à toutes les heures.
6. Les peintures d'un grand artiste ne meurent jamais.
7. Donnez-moi du beurre et des confitures.
8. Il n'y a pas de cure pour son cœur.
9. Sa sœur est sur la table.
10. L'argent n'a pas d'odeur. (proverbe)
11. Loin des yeux, loin du cœur. (proverbe)
12. Un malheur ne vient jamais seul. (proverbe)

Exercice 5 Répétez les vers suivants, tirés de «Chœur» par Stéphane Mallarmé. Faites attention aux combinaisons [œr] et [yr].

> Anges à la robe d'azur,
> Enfants des cieux au cœur si pur,
> De vos ailes couvrez ce joyeux sanctuaire
> Chantez, célébrez tous en chœur
> La joie et le bonheur
> Des enfants de la terre!

Exercice 6   Répétez le passage suivant, en faisant attention à bien prononcer la voyelle [œ].

> Mon père est chauffeur de taxi. Il passe des heures dans sa voiture. Il n'est plus jeune, mais son cœur est bon, dit son docteur. Lui et ma mère veulent que nous réussissions dans la vie avant qu'ils ne meurent. C'est ainsi que ma jeune sœur est professeur, mon frère est directeur d'une banque, et moi, je suis acteur.

Exercice 7   Répétez les vers suivants, tirés du «Corbeau voulant imiter l'Aigle» par La Fontaine. Faites attention aux voyelles.

> Mal prend aux volereaux de faire les voleurs.
>   L'exemple est un dangereux leurre:
> Tous les mangeurs de gens ne sont pas grands seigneurs;
> Où la guêpe a passé le moucheron demeure.

Exercice 8   Répétez les vers suivants, tirés de «Stances burlesques à George Sand» par Alfred de Musset. Faites attention aux voyelles.

> George est dans sa chambrette
> Entre deux pots de fleurs,
> Fumant sa cigarette
> Les yeux baignés de pleurs.

Exercice 9   Répétez la première strophe de «Il pleure dans mon cœur» par Paul Verlaine, en faisant bien attention aux voyelles.

> Il pleure dans mon cœur
> Comme il pleut sur la ville.
> Quelle est cette langueur
> Qui pénètre mon cœur?

Exercices écrits

Exercice 1   Transcrivez les mots et les phrases de l'exercice oral 4 à l'aide de symboles phonétiques.

Exercice 2   Transcrivez les vers de l'exercice oral 5 à l'aide de symboles phonétiques.

Exercice 3   Transcrivez le passage de l'exercice oral 6 à l'aide de symboles phonétiques.

Exercice 4   Transcrivez les vers de l'exercice oral 7 à l'aide de symboles phonétiques.

Exercice 5 Transcrivez les vers de l'exercice oral 8 à l'aide de symboles phonétiques.

Exercice 6 Transcrivez les vers de l'exercice oral 9 à l'aide de symboles phonétiques.

Les voyelles d'aperture moyenne: [ø] et [œ]

Ces deux voyelles d'aperture moyenne représentent les deux variantes de la prononciation des lettres écrites *eu* et *œu:* peu [pø], peur [pœr], nœud [nø], sœur [sœr]. Comme pour les voyelles d'aperture moyenne de la première série ([e], [ɛ]), la prononciation dépend de plusieurs facteurs. Premièrement, dans *une syllabe accentuée,* la voyelle fermée [ø] se trouve toujours en syllabe ouverte (CV) et la voyelle ouverte [œ] est presque toujours en syllabe fermée (VC):

CV = [ø]	VC = [œ]
veut [vø]	veulent [vœl]
œufs [ø]	œuf [œf]
bœufs [bø]	bœuf [bœf]
ceux [sø]	sœur [sœr]
peu [pø]	peur [pœr]
feu [fø]	fleur [flœr]

Les *exceptions* (prononciation de la voyelle fermée [ø] en syllabe accentuée fermée) se groupent en deux catégories:

1. Dans une syllabe accentuée fermée par le son [z], [ʒ], [t], [tr], [d] ou [kt], on prononce toujours la voyelle fermée [ø]:

heureux [ø rø z]	travailleuse [tra va jø z]
chanteuse [ʃɑ̃ tø z]	paresseuse [pa rɛ sø z]
Maubeuge [mo bø ʒ]	une meute [yn mø t]
du feutre [dy fø tr]	Eudes [ø d] Polyeucte [pɔ li ø kt]

Les exemples en [øz] sont de loin les plus communs.

2. La prononciation [ø] distingue les mots des deux paires suivantes:

jeûne [ʒø n] / jeune [ʒœ n]

veule [vø l] / ils veulent [vœl]

Deuxièmement, dans *une syllabe inaccentuée,* on entend parfois la voyelle fermée [ø], parfois la voyelle ouverte [œ] et parfois une voyelle intermédiaire (qu'on représente avec le symbole [Œ]), situation similaire à celle des voyelles moyennes de la première série:

jeudi [ʒø di], [ʒœ di], *ou* [ʒŒ di]

Europe [ø rɔp], [œ rɔp], *ou* [Œ rɔp]

heureux [ø rø], [œ rø], *ou* [Œ rø]

On peut opérer un choix entre [ø] et [œ] en syllabe inaccentuée en tenant compte de trois facteurs:

1. L'influence de l'*harmonisation vocalique:* Selon le phénomène de l'harmonisation vocalique, l'aperture de la voyelle dans la syllabe accentuée peut influencer l'aperture de la voyelle prétonique. Par exemple, des trois variantes possibles pour «jeudi», on entendra le plus souvent celle dont la voyelle prétonique est fermée [ʒø di], parce que la voyelle tonique [i] est très fermée. De la même manière, le mot «Europe» se prononcera le plus souvent [œ rɔp], car la voyelle tonique est ouverte [ɔ].

2. La présence de [r]: La consonne [r] tend à ouvrir la voyelle qui la précède; donc dans le mot «heureux» l'influence de la voyelle tonique fermée [ø] sera annulée par l'influence de la consonne [r], et les trois prononciations seront également répandues.

3. La *dérivation:* Un mot dérivé garde la même voyelle — bien que cette voyelle soit prétonique — que le mot original, où la voyelle est tonique:

deux [dø] / deuxième [dø zjɛm]

neutre [nøtr] / neutraliser [nø tra li ze]

fleur [flœr] / fleurir [flœ rir]

Pour la distribution des voyelles moyennes [ø] et [œ] dans les syllabes accentuées et inaccentuées, voir tableau 3.3.

Lectures supplémentaires ([ø], [œ])

Voir bibliographie.

EXERCICES D'APPLICATION

Exercices oraux (cassette 5A)

Exercice 1   Répétez les paires d'expressions suivantes. Dans la première expression de chaque paire, prononcez la voyelle fermée [ø] et dans la deuxième, la voyelle ouverte [œ].

Tableau 3.3 *La distribution des voyelles moyennes [ø], [œ]: Résumé*

	Structure syllabique	
	VC (fermée)	*CV (ouverte)*
Syllabe accentuée	[œ] (presque toujours): peur [pœr] *Exceptions:* — [øz], [øʒ], [øt], [øtr], [ød], [økt]: nerveuse [nɛr vøz] — jeûne [ʒøn] — veule [vøl]	[ø] (toujours): peu [pø]
Syllabe inaccentuée	[ø], [Œ], [œ] (variation dans un mot): heureux [ø rø] [Œ rø] [œ rø] (influences: harmonisation vocalique, un [r] suivant, dérivation)	

ceux / seul	des bœufs / du bœuf	un peu / j'ai peur
il veut / ils veulent	des œufs / un œuf	du feu / une fleur

Exercice 2 Répétez les mots et le proverbe suivants. Prononcez bien la voyelle fermée [ø] dans la syllabe fermée.

heureuse	paresseuse	frileuse	généreuse
travailleuse	dangereuse	douteuse	courageuse
chanteuse	peureuse	ombrageuse	

Les apparences sont trompeuses. (proverbe)

EXERCICES DE RÉVISION (DEUXIÈME SÉRIE)

Exercice de discrimination

Indiquez si les expressions que vous entendez contiennent la voyelle fermée [ø] ou la voyelle ouverte [œ]. La clé de l'exercice se trouve à la fin de ce chapitre.

	[ø]	[œ]			[ø]	[œ]
1.	____	____		4.	____	____
2.	____	____		5.	____	____
3.	____	____		6.	____	____

	[ø]	[œ]		[ø]	[œ]
7.	____	____	10.	____	____
8.	____	____	11.	____	____
9.	____	____	12.	____	____

Exercices oraux (cassette 5B)

Exercice 1 Répétez les groupes de mots suivants. Chaque groupe représente les sons de la deuxième série de voyelles orales.

1. bulle, bœufs, bœuf

2. cure, queue, cœur

3. dur, deux, odeur

4. fur, feu, fleur

5. mûre, meut, mœurs

6. pure, peu, peuvent

7. sûre, ceux, seule

Exercice 2 Répétez le poème «Le Pont Mirabeau» par Guillaume Apollinaire, en faisant bien attention aux voyelles.

> Sous le pont Mirabeau coule la Seine
>   Et nos amours
>   Faut-il qu'il m'en souvienne
> La joie venait toujours après la peine
>
>
>   Vienne la nuit sonne l'heure
>   Les jours s'en vont je demeure
>
>
>   Les mains dans les mains restons face à face
>   Tandis que sous
>   Le pont de nos bras passe
> Des éternels regards l'onde si lasse
>
>
>   Vienne la nuit sonne l'heure
>   Les jours s'en vont je demeure

L'amour s'en va comme cette eau courante
L'amour s'en va
Comme la vie est lente
Et comme l'Espérance est violente

Vienne la nuit sonne l'heure
Les jours s'en vont je demeure

Passent les jours et passent les semaines
Ni temps passé
Ni les amours reviennent
Sous le pont Mirabeau coule la Seine

Vienne la nuit sonne l'heure
Les jours s'en vont je demeure

Exercice 3 Répétez le poème «Rêverie» par Victor Hugo, en faisant bien attention aux voyelles.

Oh! laissez-moi! c'est l'heure où l'horizon qui fume
Cache un front inégal sous un cercle de brume,
L'heure où l'astre géant rougit et disparaît.
Le grand bois jaunissant dore seul la colline:
On dirait qu'en ces jours où l'automne décline,
Le soleil et la pluie ont rouillé la forêt.

Oh! qui fera surgir soudain, qui fera naître,
Là-bas, — tandis que seul je rêve à la fenêtre
Et que l'ombre s'amasse au fond du corridor,
Quelque ville mauresque, éclatante, inouïe,
Qui, comme la fusée en gerbe épanouie,
Déchire ce brouillard avec ses flèches d'or!

Qu'elle vienne inspirer, ranimer, ô génies!
Mes chansons, comme un ciel d'automne rembrunies,
Et jeter dans mes yeux son magique reflet,
Et longtemps, s'éteignant en rumeurs étouffées,
Avec les mille tours de ses palais de fées,
Brumeuse, denteler l'horizon violet!

Exercices écrits

Exercice 1   Écrivez le passage qui correspond aux symboles phonétiques suivants. Suivez la ponctuation donnée.

1. [la mu rɛ ty ni maʒ də nɔ trə vi]:
2. [lœ̃ e lotr sɔ̃ sy ʒɛ o mɛm re vɔ ly sjɔ̃ e o mɛm ʃɑ̃ʒ mɑ̃].
3. [lœr ʒœ nɛ sɛ plɛn də ʒwa e dɛ spe rɑ̃s]:
4. [ɔ̃ sə tru vø rø dɛ trə ʒœn],
5. [kɔ mɔ̃ sə tru vø rø de me].
6. [sɛ te ta si a gre abl nu kɔ̃ dɥi a de zi re do trə bjɛ̃],
7. [e ɔ̃ nɑ̃ vø də ply sɔ lid];
8. [ɔ̃ nə sə kɔ̃ tɑ̃t pa də syb zi ste],
9. [ɔ̃ vø fɛr de prɔ grɛ],
10. [ɔ̃ nɛ tɔ ky pe de mwa jɛ̃ də sa vɑ̃ se e da sy re sa fɔr tyn];
11. [ɔ̃ ʃɛrʃ la prɔ tɛk sjɔ̃ de mi nistr],
12. [ɔ̃ sə rɑ̃ y ti la lœ rɛ̃ te rɛ];
13. [ɔ̃ nə pø su frir kə kɛl kœ̃ pre tɑ̃d sə kə nu pre tɑ̃ dɔ̃].
14. [sɛ te my la sjɔ̃ ɛ tra vɛr se də mil swɛ̃ e də mil pɛn],
15. [ki se fas par lə plɛ zir də sə vwa re ta bli]:
16. [tut le pa sjɔ̃ sɔ̃ ta lɔr sa tis fɛt],
17. [e ɔ̃ nə pre vwa pa kɔ̃ pɥis sɛ se dɛ trø rø].

La Rochefoucauld, «De l'Amour et de la Vie»

Exercice 2   Transcrivez les groupes de mots de l'exercice oral 1 à l'aide de symboles phonétiques.

Exercice 3   Transcrivez le poème «Le Pont Mirabeau», donné dans l'exercice oral 2, à l'aide de symboles phonétiques.

Exercice 4   Transcrivez le poème «Rêverie», donné dans l'exercice oral 3, à l'aide de symboles phonétiques.

TROISIÈME SÉRIE: [u], [o], [ɔ]

Dans la production de ces trois voyelles, les lèvres sont arrondies, la pointe de la langue reste derrière les dents inférieures et le dos de la langue se soulève vers le palais mou. Comparez cette prononciation à celle de la

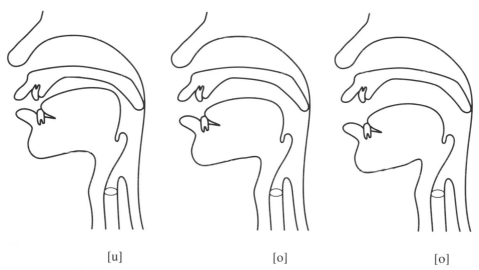

$$[u] \qquad\qquad [o] \qquad\qquad [ɔ]$$

Figure 3.4
La troisième série des voyelles orales: [u], [o], [ɔ].

deuxième série ([y], [ø], [œ]), aussi arrondie, mais pour laquelle la partie antérieure de la langue se soulève vers le palais dur. La différence de prononciation entre les trois voyelles postérieures réside dans l'aperture de la bouche, c'est-à-dire, dans la hauteur de la langue et la largeur du passage situé entre la langue et le palais. Comparez la largeur de ce passage dans les dessins de la figure 3.4.

Il existe une quatrième voyelle postérieure qui n'est pas arrondie, [ɑ], une variante de la voyelle [a] de la première série. Pour une discussion de [ɑ], voir la section consacrée à [a] dans la première série.

La voyelle [u]

Orthographe

Le son [u] en français correspond aux lettres *ou* et *où* de la langue écrite: tout [tu], coûte [kut].

Articulation

Mettez la pointe de la langue derrière les dents inférieures. Arrondissez les lèvres et soulevez le dos de la langue vers le palais mou sans le toucher (voir figure 3.4). Quand vous prononcez le son, gardez constante la tension musculaire des lèvres, de la langue et des mâchoires, pour éviter une diphtongue. Comparez le mot anglais «boo» [buʷ] au mot français «bout» [bu].

L'étudiant anglophone doit toujours s'efforcer de prononcer une voyelle très fermée, surtout en position inaccentuée. Dans cette position sa tendance est de prononcer une voyelle plus ouverte (comme celle du mot anglais «but») ou une voyelle neutre [ə]. Comparez les mots anglais «purple» et «button» aux mots français «pourpre» [pur prə] et «bouton» [bu tɔ̃].

Comme nous l'avons déjà noté, il est très important, en français, de distinguer la voyelle postérieure [u] de la voyelle antérieure [y]. Pour la voyelle [y], le passage de l'air s'effectue entre la partie antérieure de la langue et le palais dur; pour la voyelle [u], l'air passe entre le dos de la langue et le palais mou.

EXERCICES D'APPLICATION

Exercices oraux (cassette 5B)

Exercice 1   Répétez les paires suivantes. Dans chaque paire, le premier mot contient la voyelle diphtonguée anglaise [uʷ] et le deuxième, la voyelle française [u]. Faites bien attention à garder constante la tension de la voyelle française.

boo / bout	due / doux	sue / sous
moo / moue	new / nous	pool / poule
shoe / chou	two / tout	toot / toute

Exercice 2   Répétez les paires suivantes. Dans chaque paire, le premier mot est en anglais et le deuxième en français. Faites bien attention à prononcer la voyelle très fermée dans le mot français.

journal / journal	boulevard / boulevard
tournament / tournoi	courage / courage
moustache / moustache	cousin / cousin

Exercice 3   Répétez les mots et les phrases suivants, en faisant bien attention à prononcer un [u] très fermé et pur, surtout quand [u] se trouve en position inaccentuée.

où	pourboire	sourcil
tous	poursuite	tourner
journal	pourvu	tourne-disque
toujours	pourquoi	voulu
nous goûtons	pourcentage	un cours de français
ça coûte	pouvoir	
vous trouvez	vouloir	

Exercice 4 Répétez les phrases suivantes, en faisant bien attention à prononcer un [u] très fermé et pur.

1. C'est court.
2. C'est un four.
3. Il est sourd.
4. C'est lourd.
5. Il est de retour.
6. C'est tous les jours.
7. J'ai fait un tour.
8. Il prend des petits fours.
9. Avez-vous trouvé le journal?
10. Mon cousin fait les courses en ville.
11. Le Tour de France est une course de bicyclette.
12. En amour comme à la guerre, tous les coups sont permis. (proverbe)
13. Pas de nouvelles, bonnes nouvelles. (proverbe)
14. Il boit comme un trou. (expression idiomatique)
15. Il vit au jour le jour. (expression idiomatique)

Exercice 5 Répétez le dialogue suivant, en faisant attention à bien prononcer la voyelle [u].

— Bonjour Louise. Où est tout le monde?
— Ils sont allés casser la croûte Boulevard des Amoureux.
— Pouvons-nous les rejoindre? J'ai envie de manger une choucroute.
— C'est comme vous voulez. Mais après, je devrai courir pour ne pas manquer mon cours à douze heures.

Exercice 6 Répétez les paires de mots, dont le premier contient la voyelle postérieure [u] et le deuxième, la voyelle antérieure [y].

doux / du	roue / rue	debout / début
tout / tu	pousse / puce	bourreau / bureau
vous / vu	rousse / russe	au-dessous / au-dessus
nous / nu	jour / jure	

Exercice 7 Répétez les phrases suivantes, en faisant bien attention aux voyelles [u] et [y].

1. Il travaille pour des prunes. (expression idiomatique)

2. La faveur met l'homme au-dessus de ses égaux; et sa chute, au-dessous. (La Bruyère)

3. Vous le croyez votre dupe: s'il feint de l'être, qui est plus dupe de lui ou de vous? (La Bruyère)

4. La jalousie se nourrit dans les doutes, et elle devient fureur, ou elle finit, sitôt qu'on passe du doute à la certitude. (La Rochefoucauld)

5. S'il y a un amour pur et exempt du mélange de nos autres passions, c'est celui qui est caché au fond du cœur, et que nous ignorons nous-mêmes. (La Rochefoucauld)

Exercice 8 Répétez le passage suivant, en faisant attention à bien prononcer la voyelle [y] et la voyelle [u].

Mon mari Justin était tellement ému le jour de la naissance de notre fille Julie qu'il m'a demandé si je voulais inviter tous les amis du bureau chez nous.

Je lui ai répondu:

— Pas du tout, mon chou. Tu es fou? C'est absurde, surtout quand je ne peux pas me tenir debout. Si on attendait jusqu'au début d'août?

Exercice 9 Répétez le poème «Le Cantonnier» par Stéphane Mallarmé, en faisant bien attention aux voyelles [y] et [u].

Ces cailloux, tu les nivelles
Et c'est, comme troubadour,
Un cube aussi de cervelles
Qu'il me faut ouvrir par jour.

Exercice 10 Répétez les vers suivants, tirés de «La Nuit d'août» par Alfred de Musset, en faisant bien attention aux voyelles.

Salut à ma fidèle amie!
Salut, ma gloire et mon amour!
La meilleure et la plus chérie
Est celle qu'on trouve au retour.
L'opinion et l'avarice
Viennent un temps de m'emporter.
Salut, ma mère et ma nourrice!
Salut, salut, consolatrice!
Ouvre tes bras, je viens chanter.

Exercice 11 Répétez les deux strophes suivantes, tirées de «Hommage» par Stéphane Mallarmé, en faisant bien attention aux voyelles.

> Toute Aurore même gourde
> À crisper un poing obscur
> Contre des clairons d'azur
> Embouchés par cette sourde
>
> À le pâtre avec la gourde
> Jointe au bâton frappant dur
> Le long de son pas futur
> Tant que la source ample sourde

Exercices écrits

Exercice 1 Transcrivez les phrases de l'exercice oral 4 à l'aide de symboles phonétiques.

Exercice 2 Transcrivez le dialogue de l'exercice oral 5 à l'aide de symboles phonétiques.

Exercice 3 Transcrivez les phrases de l'exercice oral 7 à l'aide de symboles phonétiques.

Exercice 4 Transcrivez le passage de l'exercice oral 8 à l'aide de symboles phonétiques.

Exercice 5 Transcrivez le poème «Le Cantonnier», donné dans l'exercice oral 9, à l'aide de symboles phonétiques.

Exercice 6 Transcrivez les vers de l'exercice oral 10 à l'aide de symboles phonétiques.

Exercice 7 Transcrivez les vers de l'exercice oral 11 à l'aide de symboles phonétiques.

La voyelle [o]

Orthographe

Le son [o] en français correspond aux lettres *o, ô, eau* et *au* de la langue écrite: trop [tro], tôt [to], hameau [a mo], au [o].

Articulation

Mettez la pointe de la langue derrière les dents inférieures. Arrondissez les lèvres et soulevez le dos de la langue vers le palais mou mais moins haut que pour la voyelle [u] (voir figure 3.4). Quand vous prononcez le son [o], gardez constante la tension musculaire des lèvres, de la langue et des mâchoires, pour éviter une diphtongue. Comparez le mot anglais «so» [so^w] au mot français «seau» [so].

EXERCICES D'APPLICATION

Exercices oraux (cassette 6A)

Exercice 1   Répétez les paires suivantes. Dans chaque paire, le premier mot contient la diphtongue anglaise [o^w] et le deuxième, la voyelle française [o]. Faites bien attention à garder constante la tension de la voyelle française.

so / seau	low / l'eau	bone / Beaune
bow / beau	toe / tôt	zone / zone
mow / maux	owed / Aude	poem / paum
dough / dos	coat / côte	chrome / chrome
know / nos	soul / saule	
foe / faux	poll / pôle	

Exercice 2   Répétez les mots suivants, en faisant bien attention à prononcer un [o] fermé et pur.

trop	gros	un mot	les maux
vos	oraux	une rose	une côte
nos	généraux	une chose	une zone
beau	bientôt	un pôle	l'Amazone

Exercice 3   Répétez les phrases suivantes, en faisant bien attention à prononcer un [o] fermé.

1. Vos beaux mots valent beaucoup.
2. Jérôme a haussé les épaules.
3. Une faute n'en excuse pas une autre. (proverbe)
4. Aussitôt dit, aussitôt fait. (expression idiomatique)
5. L'argent est cause de tous les maux. (proverbe)

6. Les fautes des sots sont quelquefois si lourdes et si difficiles à prévoir, qu'elles mettent les sages en défaut et ne sont utiles qu'à ceux qui les font. (La Bruyère)

Exercice 4 Répétez le dialogue suivant, en faisant attention à bien prononcer la voyelle [o].

— Margot, tu as vu le nouveau film de Brigitte Bardot?
— Non, Guillaume. Il faut bientôt aller le voir.
— J'ai entendu dire qu'elle et Marcel Marceau jouent des rôles très originaux.
— Oui, elle joue un oiseau et lui, un robot.
— Ah non! C'est trop!

Exercice 5 Répétez le poème «Venise» par Alfred de Musset, en faisant bien attention aux voyelles.

> Dans Venise la rouge,
> Pas un bateau qui bouge,
> Pas un pêcher dans l'eau,
> Pas un falot.

Exercice 6 Répétez les deux premières strophes du poème «Brumes et Pluies» par Charles Baudelaire, en faisant bien attention aux voyelles.

> Ô fins d'automne, hivers, printemps trempés de boue,
> Endormeuses saisons! je vous aime et vous loue
> D'envelopper ainsi mon cœur et mon cerveau
> D'un linceul vaporeux et d'un vague tombeau.
>
> Dans cette grande plaine où l'autan froid se joue,
> Où par les longues nuits la girouette s'enroue,
> Mon âme mieux qu'au temps de tiède renouveau
> Ouvrira largement ses ailes de corbeau.

Exercice 7 Répétez les vers suivants, tirés de «Sur trois marches de marbre rose» par Alfred de Musset, en faisant attention aux voyelles.

> En ces lieux où l'ennui repose,
> Par respect aussi j'ai dormi.
> Ce n'était, je crois, qu'à demi:
> Je rêvais à quelque autre chose.
> Mais vous souvient-il, mon ami,
> De ces marches de marbre rose,
> En allant à la pièce d'eau
> Du côté de l'Orangerie,
> À gauche, en sortant du château?

Exercices écrits

Exercice 1   Transcrivez les phrases de l'exercice oral 3 à l'aide de symboles phonétiques.

Exercice 2   Transcrivez le dialogue de l'exercice oral 4 à l'aide de symboles phonétiques.

Exercice 3   Transcrivez le poème «Venise», donné dans l'exercice oral 5, à l'aide de symboles phonétiques.

Exercice 4   Transcrivez les vers de l'exercice oral 6 à l'aide de symboles phonétiques.

Exercice 5   Transcrivez les vers de l'exercice oral 7 à l'aide de symboles phonétiques.

La voyelle [ɔ]

Orthographe

Le son [ɔ] en français correspond le plus souvent à la lettre *o* de la langue écrite: tonne [tɔn], joli [ʒɔ li]. Il peut aussi correspondre aux lettres *au:* Laure [lɔr]. La terminaison -*um* dans les mots savants se prononce [ɔm]: album [al bɔm].

Articulation

Mettez la pointe de la langue derrière les dents inférieures. Arrondissez les lèvres et soulevez le dos de la langue vers le palais dur mais moins haut que pour la voyelle [o] (voir figure 3.4). Comparée à la voyelle anglaise du mot «nut», la voyelle française est plus arrondie. L'étudiant anglophone doit éviter de prononcer la voyelle fermée [o] à la place de la voyelle ouverte [ɔ], surtout en position prétonique.

EXERCICES D'APPLICATION

Exercices oraux (cassette 6A)

Exercice 1   Répétez les paires suivantes. Dans chaque paire, le premier mot contient la voyelle anglaise et le deuxième, la voyelle française. Faites bien attention à garder constante la tension et à arrondir les lèvres pour produire la voyelle française.

but / botte	nun / nonne	come / comme
nut / note	son / sonne	mull / molle
done / donne	ton / tonne	bus / bosse
bun / bonne	gum / gomme	

Exercice 2   Répétez les mots suivants, en faisant bien attention à prononcer une voyelle ouverte.

notre	molle	poche	sors	bonne
votre	alcool	proche	mort	sonne
vote	folle	loge	tort	donne
note	Paul	noces	fort	téléphone
sotte	sol	adore	Laure	homme
botte	drogue	dehors	tonne	somme

Exercice 3   Répétez les mots suivants, en faisant bien attention à prononcer une voyelle ouverte en position prétonique.

coquette	donné	modeste	philosophie
coller	folie	notation	professeur
clochard	forêt	politesse	notre enfant
codifier	logiquement	sociologue	votre fille
domestique	localiser	tolérer	

Exercice 4   Répétez les phrases suivantes, en faisant attention à la prononciation de la voyelle ouverte [ɔ].

1. Il a porté un coup bas. (expression idiomatique)
2. Il faut d'abord balayer devant sa porte. (proverbe)
3. La cour est comme un édifice de marbre: je veux dire qu'elle est composée d'hommes fort durs, mais fort polis. (La Bruyère)
4. La modération des personnes heureuses vient du calme que la bonne fortune donne à leur humeur. (La Rochefoucauld)

Exercice 5   Répétez le passage suivant, en faisant attention à bien prononcer la voyelle ouverte [ɔ].

En automne, la bonne a adopté un hippopotame adorable qui aime les carottes et les pommes. D'abord, elle l'a amené à l'aéroport, mais il n'a pas pu monter à bord. Alors, elle a dû dire adieu à son hippopotame adoré.

Exercice 6   Répétez les vers suivants, tirés de «La Nuit de mai» par Alfred de Musset, en faisant bien attention aux voyelles.

> Pourquoi mon cœur bat-il si vite?
> Qu'ai-je donc en moi qui s'agite
> Dont je me sens épouvanté?
> Ne frappe-t-on pas à ma porte?
> Pourquoi ma lampe à demi-morte
> M'éblouit-elle de clarté?
> Dieu puissant! tout mon corps frissonne.
> Qui vient? qui m'appelle? — Personne.
> Je suis seul; c'est l'heure qui sonne:
> Ô solitude! ô pauvreté!

Exercices écrits

Exercice 1   Transcrivez les phrases de l'exercice oral 4 à l'aide de symboles phonétiques.

Exercice 2   Transcrivez le passage de l'exercice oral 5 à l'aide de symboles phonétiques.

Exercice 3   Transcrivez les vers de l'exercice oral 6 à l'aide de symboles phonétiques.

Les voyelles d'aperture moyenne: [o] et [ɔ]

Ces deux voyelles d'aperture moyenne représentent les deux variantes de prononciation de la lettre *o:* nos [no], notre [nɔtr]. Les facteurs suivants déterminent la prononciation [o] ou [ɔ].

Dans *une syllabe accentuée et ouverte,* on prononce toujours la variante fermée.

CV = [o]

nos [no]

vos [vo]

maux [mo]

peau [po]

des os [de zo]

Dans *une syllabe accentuée et fermée,* la prononciation dépend de l'orthographe ou de la consonne qui ferme la syllabe. Voici les règles:

1. Les lettres *ô, au* et *eau* se prononcent presque toujours [o]: pôle [pol], Claude [klod], Guillaume [gi jom], Beaune [bon]. *Mais* les lettres *au* suivies de la lettre *r* se prononcent [ɔ]: Laure [lɔr]. Le nom *Paul* aussi se prononce [pɔl].

2. Normalement, la lettre *o* dans une syllabe accentuée fermée se prononce [ɔ]: notre [nɔtr], molle [mɔl], téléphone [te le fɔn]. Les exceptions sont notées ci-dessous.

3. La lettre *o* dans une syllabe fermée par le son [z] se prononce [o]: chose [ʃoz], rose [roz].

4. La lettre *o* dans une syllabe fermée par le son [s] se prononce [o] dans quatre mots: la fosse [la fos], grosse [gros], endosse [ɑ̃ dos], adosse [a dos]. Dans tous les autres mots cette combinaison se prononce [ɔs]: la brosse [la brɔs], la bosse [la bɔs], le gosse [lə gɔs], Écosse [e kɔs].

5. La lettre *o* dans une syllabe fermée par le son [m] se prononce [o] dans une série de mots savants venant du grec: atome [a tom], axiome [ak sjom], idiome [i djom], aérodrome [a e rɔ drom], hippodrome [i pɔ drom], chrome [krom].

6. La lettre *o* dans une syllabe fermée par le son [n] se prononce [o] dans les mots «cyclone» [si klon], «amazone» [a ma zon] et «zone» [zon].

Notez les paires de mots suivantes, où la prononciation de la voyelle [o] ou [ɔ] détermine le sens:

[o]	[ɔ]
Aude [od]	ode [ɔd]
côte [kot]	cote [kɔt]
Beaune [bon]	bonne [bɔn]
hausse [os]	os (sing.) [ɔs]
nôtre [notr]	notre [nɔtr]
vôtre [votr]	votre [vɔtr]
Paule [pol]	Paul [pɔl]
paume [pom]	pomme [pɔm]
Saône [son]	sonne [sɔn]
saule [sol]	sol [sɔl]
rauque [rok]	roc [rɔk]

Dans *une syllabe inaccentuée,* on remarque une tendance générale à prononcer une voyelle ouverte pour la lettre *o:*

solide [sɔ lid]   joli [ʒɔ li]   philosophie [fi lɔ zɔ fi]

Exceptions: La lettre *o* suivie du son [z] ou de la terminaison [sjɔ̃] se prononce [o]:

Joseph [ʒo zɛf]   gosier [go zje]   lotion [lo sjɔ̃]
notion [no sjɔ̃]

Dans la plupart des mots qui contiennent *au* ou *ô* en syllabe prétonique, on entend parfois la voyelle fermée [o], parfois la voyelle ouverte [ɔ] et parfois une voyelle intermédiaire [O]:

automne [o tɔn], [O tɔn], *ou* [ɔ tɔn]

côté [ko te], [kO te], *ou* [kɔ te]

Exceptions: Dans certains mots, les lettres *au* en syllabe prétonique se prononcent toujours [o]:

aussi [o si]   aucun [o kœ̃]   aujourd'hui [o ʒur dɥi]

autant [o tɑ̃]   auberge [o bɛrʒ]   auteur [o tœr]

auprès [o prɛ]   autour [o tur]   auquel [o kɛl]

Les lettres *au* suivies du son [z] se prononcent [o]:

Dauzet [do ze]

Les lettres *au* suivies de la lettre *r* se prononcent [ɔ]:

aurore [ɔ rɔr]   il aura [i lɔ ra]

Un autre facteur qui influence le choix de la voyelle moyenne en syllabe inaccentuée est la *dérivation*. Ainsi, dans les mots dérivés, la voyelle garde le même timbre que dans les mots radicaux:

[ɔ]: botte [bɔt] / botté [bɔ te]
    brosse [brɔs] / brosser [brɔ se]

[o]: chaud [ʃo] / chaudement [ʃod mɑ̃]
    beau [bo] / beauté [bo te]
    dos [do] / adosser [a do se] / le dossier [lə do sje]

Pour la distribution des voyelles moyennes [o] et [ɔ] dans les syllabes accentuées et inaccentuées, voir tableau 3.4.

Lectures supplémentaires ([o], [ɔ])

Voir bibliographie.

Tableau 3.4 **La distribution des voyelles moyennes [o], [ɔ]: Résumé**

	Structure syllabique	
	VC *(fermée)*	CV *(ouverte)*
Syllabe *accentuée*	*ô, au, eau* = [o]: pôle [pol], aude [od], Beaune [bon] *Exception:* *au* + *r* = [ɔ]: Laure [lɔr] *o* = [ɔ] (presque toujours): botte [bɔt] *Exceptions:* [oz]: rose [os]: grosse, fosse, endosse, adosse [om] (mots savants): atome [on]: cyclone, amazone, zone	[o] (toujours): beau [bo], mot [mo]
Syllabe *inaccentuée*	*o* = [ɔ]: solide [sɔ lid] *Exceptions:* *o* + [z] = [o]: gosier *o* + [sjɔ̃] = [o]: lotion *au, ô* = [ɔ], [O], ou [o]: automne [ɔ tɔn], [O tɔn], [o tɔn] *Exceptions:* *au* + [z] = [o]: Dauzet *au* + [r] = [ɔ]: taureau (influence: la dérivation)	

EXERCICES D'APPLICATION

Exercices oraux (cassette 6A)

Exercice 1 Répétez les paires suivantes. Dans chaque paire, le premier mot contient la voyelle fermée [o] et le deuxième, la voyelle ouverte [ɔ].

Aude / ode	nôtre / notre	Saône / sonne
côte / cote	vôtre / votre	saule / sol
Beaune / bonne	Paule / Paul	rauque / roc
hausse / os	paume / pomme	saute / sotte

Exercice 2   Répétez les mots suivants, qui contiennent tous la voyelle fermée [o] dans une syllabe fermée.

le pôle	une chose	un axiome
la côte	une rose	un idiome
le nôtre	il impose	l'aérodrome
le vôtre	la fosse	l'hippodrome
le fantôme	elle est fausse	le chrome
Claude	elle est grosse	un cyclone
Guillaume	il l'endosse	une amazone
Beaune	un atome	une zone
à gauche		

Exercice écrit

Transcrivez les mots suivants à l'aide de symboles phonétiques. Faites bien attention parce que dans chaque paire, un mot contient la voyelle fermée [o] et un mot la voyelle ouverte [ɔ].

1. la roche la rose	**7.** le mot le moteur	**13.** la paume la pomme
2. votre vôtre	**8.** la beauté botté	**14.** j'aurai aussi
3. tôt une tonne	**9.** un os la hausse	**15.** vos voler
4. le gosse grosse	**10.** la fosse la bosse	**16.** Beaune bonne
5. Paul Paule	**11.** cause le col	**17.** le côlon le colon
6. dos doter	**12.** auprès l'auréole	**18.** la cloche close

Exercice oral (cassette 6A)

Répétez les paires de mots de l'exercice écrit ci-dessus.

EXERCICES DE RÉVISION (TROISIÈME SÉRIE)

Exercices de discrimination

Exercice 1   Indiquez si les mots que vous entendez contiennent la voyelle postérieure [u] ou la voyelle antérieure [y]. La clé de l'exercice se trouve à la fin de ce chapitre.

	[u]	[y]		[u]	[y]
1.	____	____	**8.**	____	____
2.	____	____	**9.**	____	____
3.	____	____	**10.**	____	____
4.	____	____	**11.**	____	____
5.	____	____	**12.**	____	____
6.	____	____	**13.**	____	____
7.	____	____	**14.**	____	____

Exercice 2　Indiquez si les expressions que vous entendez contiennent la voyelle fermée [o] ou la voyelle ouverte [ɔ]. La clé de l'exercice se trouve à la fin de ce chapitre.

	[o]	[ɔ]		[o]	[ɔ]
1.	____	____	**8.**	____	____
2.	____	____	**9.**	____	____
3.	____	____	**10.**	____	____
4.	____	____	**11.**	____	____
5.	____	____	**12.**	____	____
6.	____	____	**13.**	____	____
7.	____	____	**14.**	____	____

Exercices oraux (cassette 6B)

Exercice 1　Répétez les groupes de mots suivants. Chaque groupe représente les sons de la troisième série de voyelles orales.

1. bout, beau, botte
2. doux, dos, dot
3. fou, faux, folle
4. loup, lot, loge
5. mou, maux, molle
6. nous, nos, notre
7. roue, rot, rhum
8. sous, sot, sotte
9. tout, tôt, tonne

Exercice 2　Répétez le poème «Voyage à Paris» par Guillaume Apollinaire, en faisant bien attention aux voyelles.

> Ah! la charmante chose
> Quitter un pays morose
> 　　Pour Paris
> 　　Paris joli
> 　　Qu'un jour

Dut créer l'Amour
Ah! la charmante chose
Quitter un pays morose
Pour Paris.

Exercices écrits

Exercice 1   Écrivez le passage qui correspond aux symboles phonétiques suivants. Suivez la ponctuation donnée.

1. [i lja de ʒɑ̃ ki sɔ̃ mal lɔ ʒe],

2. [mal ku ʃe], [ma la bi je], [e mal nu ri];

3. [ki ɛ sɥi le ri gœr de sɛ zɔ̃];

4. [ki sə pri vø mɛm də la sɔ sje te de zɔm],

5. [e pas lœr ʒur dɑ̃ la sɔ li tyd];

6. [ki su frə dy pre zɑ̃], [dy pa se], [e də lav nir];

7. [dɔ̃ la vi ɛ kɔ myn pe ni tɑ̃s kɔ̃ ti nɥɛl],

8. [e ki ɔ̃ tɛ̃ si tru ve lə sə krɛ da le a lœr pɛrt par lə ʃə mɛ̃ lə ply pe
nibl];

9. [sə sɔ̃ le za var].

La Bruyère, «De l'Homme», *Les Caractères*

Exercice 2   Écrivez le passage qui correspond aux symboles phonétiques
suivants. Suivez la ponctuation donnée.

1. [i lɛ di fi sil də de fi nir la mʉr].

2. [skɔ̃ nɑ̃ pø dir ɛ kə dɑ̃ lɑm sɛ tyn pa sjɔ̃ də re ɲe],

3. [dɑ̃ le zɛ spri sɛ tyn sɛ̃ pa ti],

4. [e dɑ̃ lə kɔr sə nɛ ky nɑ̃ vi ka ʃe e de li kat də pɔ se de skə lɔ̃ nɛm a
prɛ bo ku də mi stɛr].

La Rochefoucauld, *Maximes*

Exercice 3   Transcrivez les groupes de mots de l'exercice oral 1 à l'aide
de symboles phonétiques.

Exercice 4   Transcrivez le poème «Voyage à Paris», donné dans l'exercice
oral 2, à l'aide de symboles phonétiques.

Pour un résumé de la distribution de toutes les voyelles moyennes en
syllabe accentuée, voir tableau 3.5.

Tableau 3.5   Les voyelles moyennes en syllabe accentuée: Résumé

	Structure syllabique	
	VC (fermée)	*CV (ouverte)*
[e] / [ɛ]	[ɛ] (toujours): belle [bɛl]	[e] ou (moins souvent) [ɛ]: mes [me], mais [mɛ] (dépend de l'orthographe)
[ø] / [œ]	[œ] en général: cœur [kœr] *Grande exception:* [øz]: nerveuse [nɛr vøz]	[ø] (toujours): peu [pø]
[o] / [ɔ]	*ô, au, eau* = [o]: pôle [pol], aude [od], Beaune [bon] *o* = [ɔ]: botte [bɔt] (dépend de l'orthographe) *Grande exception:* [oz]: rose	[o] (toujours): beau [bo]

EXERCICES DE RÉVISION (VOYELLES ORALES)

Exercices oraux (cassette 6B)

Exercice 1   Répétez les vers suivants, en faisant attention aux voyelles.

Do, ré, mi, fa, mi; Chante mon chéri.
Do, ré, mi, fa, sol; Comme un rossignol.

Exercice 2   Répétez la fable «Le Pot de terre et le Pot de fer» par La Fontaine, en faisant bien attention aux voyelles.

Le pot de fer proposa
Au pot de terre un voyage.
Celui-ci s'excusa,
Disant qu'il ferait que sage
De garder le coin du feu:
Car il lui fallait si peu,
Si peu que la moindre chose
De son débris serait cause.
Il n'en reviendrait morceau.

— «Pour vous, dit-il, dont la peau
Est plus dure que la mienne,
Je ne vois rien qui vous tienne.»
— «Nous vous mettrons à couvert»,
Repartit le pot de fer.
«Si quelque matière dure
Vous menace d'aventure,
Entre deux je passerai,
Et du coup, vous sauverai.»
Cette offre le persuade.
Pot de fer son camarade
Se met droit à ses côtés.
Mes gens s'en vont à trois pieds,
Clopin clopant, comme ils peuvent,
L'un contre l'autre jetés,
Au moindre hoquet qu'ils treuvent.
Le pot de terre en souffre: il n'eut pas fait cent pas
Que par son compagnon il fut mis en éclats,
Sans qu'il eût lieu de se plaindre.
Ne nous associons qu'avec nos égaux,
Ou bien il nous faudra craindre
Le destin d'un de ces pots.

Exercice 3   Répétez le dialogue suivant entre Monsieur Jourdain et le maître
de philosophie, tiré du *Bourgeois Gentilhomme* par Molière, en faisant bien
attention aux voyelles.

M.J.: Apprenez-moi l'orthographe.

Maître: Très volontiers.... Pour bien suivre votre pensée et traiter cette
manière en philosophie, il faut commencer, selon l'ordre des choses,
par une connaissance de la nature des lettres et de la différente manière
de les prononcer toutes. Et là-dessus, j'ai à vous dire que les lettres
sont divisées en voyelles, ainsi dites voyelles parce qu'elles expriment
la voix; et en consonnes, ainsi appelées parce qu'elles sonnent avec
les voyelles, et ne font que marquer les diverses articulations des voix.
Il y a cinq voyelles ou voix: A, E, I, O, U.

M.J.: J'entends tout cela.

Maître: La voix *A* se forme en ouvrant fort la bouche: A.

M.J.: A, A. Oui.

Maître: La voix *E* se forme en rapprochant la mâchoire d'en bas de celle
en haut: A, E.

M.J.: A, E; A, E. Ma foi, oui. Ah, que cela est beau!

Maître: Et la voix *I,* en rapprochant encore davantage les mâchoires l'une de l'autre, et écartant les deux coins de la bouche vers les oreilles: A, E, I.

M.J.: A, E, I, I, I, I, I, I. Cela est vrai. Vive la science!

Maître: La voix *O* se forme en rouvrant les mâchoires et rapprochant les lèvres par les deux coins, le haut et le bas: O.

M.J.: O, O. Il n'y a rien de plus juste. A, E, I, O, I, O. Cela est admirable! I, O, I, O.

Maître: L'ouverture de la bouche fait justement un petit rond qui représente un O.

M.J.: O, O, O. Vous avez raison. O. Ah! La belle chose que de savoir quelque chose!

Maître: La voix *U* se forme en rapprochant les dents sans les joindre entièrement, et allongeant les deux lèvres en dehors, les approchant aussi l'une de l'autre sans les joindre tout à fait: U.

M.J.: U, U. Il n'y a rien de plus véritable, U.

Maître: Vos deux lèvres s'allongent comme si vous faisiez la moue, d'où vient que, si vous la voulez faire à quelqu'un et vous moquer de lui, vous ne sauriez lui dire que U.

M.J.: U, U. Cela est vrai. Ah! que n'ai-je étudié plus tôt pour savoir tout cela?

Maître: Demain nous verrons les autres lettres, qui sont les consonnes.

M.J.: Est-ce qu'il y a des choses aussi curieuses qu'à celles-ci?

Maître: Sans doute. La consonne D, par exemple, se prononce en donnant du bout de la langue au-dessus des dents d'en haut: DA.

M.J.: DA, DA. Oui. Ah! les belles choses! les belles choses!

Maître: L'F, en appuyant les dents d'en haut sur la lèvre de dessous: FA.

M.J.: FA, FA. C'est la vérité. Ah! mon père et ma mère, que je vous veux du mal!

Maître: Et l'R, en portant le bout de la langue jusqu'en haut du palais; de sorte, qu'étant frôlée par l'air qui sort avec force, elle lui cède et revient toujours au même endroit, faisant une manière de tremblement: R, ra.

M.J.: R, r, ra; R, r, r, r, r, ra. Cela est vrai! Ah! l'habile homme que vous êtes! et que j'ai perdu du temps! R, r, r, ra.

Maître: Je vous expliquerai toutes ces curiosités.

M.J.: Je vous en prie....

Exercices écrits

Exercice 1 Transcrivez les vers de l'exercice oral 1 à l'aide de symboles phonétiques.

Exercice 2 Transcrivez la fable «Le Pot de terre et le Pot de fer», donnée dans l'exercice oral 2, à l'aide de symboles phonétiques.

Clé aux exercices de discrimination

Pages 74–75

	[e]	[ɛ]	
1.		X	Elle chanterait.
2.		X	Il l'a fait.
3.	X		Il l'a arrangé.
4.	X		Vous et moi.
5.		X	Dès le mois d'avril.
6.	X		Je partirai.
7.	X		Tes ennuis.
8.		X	Il le possède.
9.	X		Vous l'achetez?
10.		X	Près de la ville.
11.		X	Mais non!
12.		X	Est-il parti?
13.		X	Parfait!
14.	X		Va danser!

Pages 89–90

	[ø]	[œ]	
1.	X		des œufs
2.	X		je peux
3.		X	une fleur
4.		X	ils peuvent
5.	X		deuxième
6.	X		avec eux
7.		X	ils veulent
8.	X		du feutre
9.		X	un bœuf
10.	X		il pleut
11.	X		frileuse
12.		X	trois heures

Pages 106–107

	[u]	[y]	
1.		X	début
2.		X	russe
3.	X		jour
4.		X	pull
5.	X		vous
6.	X		pour
7.	X		doux
8.		X	cure
9.	X		au-dessous
10.		X	tu
11.		X	bureau
12.	X		pousse
13.	X		bouche
14.		X	rue

Page 107

	[o]	[ɔ]	
1.	X		l'Amazone
2.	X		nos parents
3.		X	Paul
4.		X	votre enfant
5.	X		chauve
6.		X	politesse
7.	X		auprès de moi
8.	X		une fosse
9.		X	une brosse
10.		X	une nonne
11.	X		l'atome
12.	X		quelque chose
13.		X	le téléphone
14.		X	obtenir

Étude détaillée des
voyelles nasales

INTRODUCTION

Les voyelles nasales, étant des sons vocaliques, se distinguent par définition des consonnes parce qu'elles s'articulent sans que le passage de l'air rencontre d'obstacle. Elles diffèrent cependant des voyelles orales par rapport à la cavité par laquelle l'air s'échappe. Pour les voyelles orales, le palais mou se soulève pour bloquer l'entrée de la cavité nasale et l'air passe donc uniquement par la bouche. Mais dans l'articulation des voyelles nasales, le palais mou se baisse, permettant ainsi à l'air de passer par le nez aussi bien que par la bouche. Comparez la position du palais mou pour les quatre voyelles orales du français et les nasales correspondantes à la figure 4.1.

Pour sentir le passage de l'air, faites l'expérience suivante. Prononcez la voyelle [a] pendant quelques secondes, puis, sans arrêter le son, pincez-vous le nez pour fermer la cavité nasale. Vous remarquerez que le son ne change pas de timbre. Maintenant, effectuez la même expérience avec la voyelle nasale [ɑ̃]. Lorsque la cavité nasale est bloquée, le son ne peut pas être maintenu.

La différence entre les voyelles nasales françaises et anglaises, c'est qu'en français, la consonne nasale (*n* ou *m*) qui suit la voyelle nasale dans l'orthographe est muette (bon [bɔ̃]), tandis qu'en anglais, les mêmes consonnes nasales *m* et *n*, ainsi que *ng*, se prononcent toujours et donnent ainsi un peu de nasalité à la voyelle qui les précède (sing [sĪŋ]). Comparez les mots suivants.

français	*anglais*
vin [vɛ̃]	in [Ĭn]
un [œ̃]	un- [ʌ̃n]

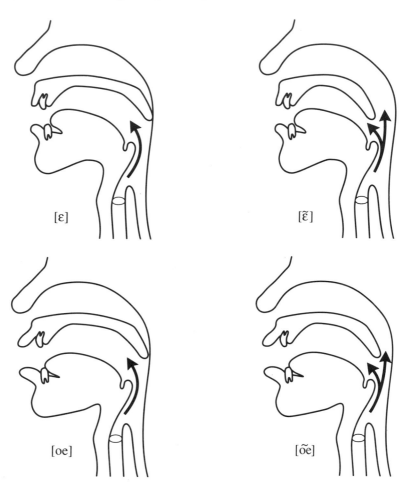

Figure 4.1
Les voyelles orales et nasales.

français	*anglais*
an [ɑ̃]	and [æ̃nd]
on [ɔ̃]	on [ɒ̃]

En anglais, l'entrée de la cavité nasale ne s'ouvre donc que partiellement pendant l'articulation de la voyelle, par anticipation de la consonne nasale suivante, ce qui nasalise un peu la voyelle. Mais en français, où la consonne nasale écrite n'est pas prononcée, c'est la voyelle qui porte toute la nasalité.

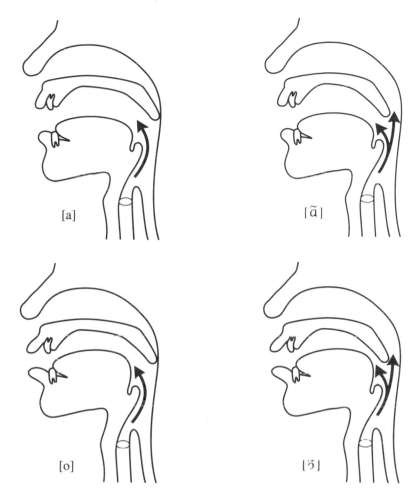

Il existe en français quatre voyelles nasales, correspondant aux voyelles orales [ɛ], [œ], [ɑ] et [o], auxquelles s'est ajouté le trait de nasalité. L'articulation des voyelles nasales se définit donc à l'aide des mêmes paramètres que les voyelles orales, c'est-à-dire, l'antériorité ou la postériorité de la langue, l'arrondissement ou l'écartement des lèvres et l'aperture de la bouche. Voir tableau 4.1 pour la représentation schématique de l'articulation des voyelles orales et nasales.

Tableau 4.1   L'articulation des voyelles orales et nasales

Position de la langue	Antérieure		Postérieure	
Position des lèvres	*Écartées*	*Arrondies*	*Écartées*	*Arrondies*
Aperture de la bouche				
Très fermée	i	y		u
Fermée	e	ø		o õ
		ə		
Ouverte	ɛ ɛ̃	œ œ̃		ɔ
Très ouverte	a		ɑ ɑ̃	

LA VOYELLE [ɛ̃]

Orthographe

Le son [ɛ̃] correspond aux séquences de lettres *aim, ain, eim, ein, im, in, ym, yn* et aux lettres *en* suivant *i* dans la terminaison *-ien, y* dans *-yen* et *é* dans *-éen*. Ce son se trouve également dans les combinaisons *oin* [wɛ̃] et *oing* [wɛ̃]. En voici quelques exemples:

faim [fɛ̃]   train [trɛ̃]   Reims [rɛ̃s]   plein [plɛ̃]

simple [sɛ̃pl]   pin [pɛ̃]   sympathique [sɛ̃ pa tik]

syndicat [sɛ̃ di ka]   gardien [gar djɛ̃]   moyen [mwa jɛ̃]

lycéen [li se ɛ̃]   moins [mwɛ̃]   poing [pwɛ̃]

Notez aussi la prononciation exceptionnelle des mots «examen» [ɛg za mɛ̃] et «agenda» [a ʒɛ̃ da].

Articulation

Comme pour la voyelle orale [ɛ], mettez la pointe de la langue derrière les dents inférieures, écartez les lèvres et soulevez la partie antérieure de la langue vers le palais dur (mais moins haut que pour le son [e]). Maintenant laissez l'air s'échapper à la fois par la bouche et par le nez. (Voir figure 4.1.)

EXERCICES D'APPLICATION

Exercices oraux (cassette 7A)

Exercice 1   Répétez les paires suivantes. Dans chaque paire, le premier mot contient une voyelle orale [ɛ] ou [i] et le deuxième, la voyelle nasale [ɛ̃].

baie / bain	certaine / certain	mine / main
mai / main	américaine / américain	copine / copain
très / train	européenne / européen	dessine / dessin
paie / pain	italienne / italien	cousine / cousin
vais / vin	canadienne / canadien	libertine / libertin
	chienne / chien	Valentine / Valentin
	la tienne / le tien	
	la mienne / le mien	
	la sienne / le sien	
	ils viennent / il vient	
	ils tiennent / il tient	
	il freine / le frein	
	il traîne / le train	

Exercice 2   Répétez les mots suivants, en faisant attention à bien prononcer la voyelle nasale [ɛ̃] dans la syllabe fermée.

mainte	le linge
enceinte	un singe
peinte	un prince
teinte	Reims
une sainte	il rince
une plainte	

Exercice 3   Répétez les phrases suivantes, en faisant bien attention à la voyelle [ɛ̃].

1. Un indien indique un chemin à un nain indien.
2. Qui rien ne sait, de rien ne doute. (proverbe)
3. Qui ne risque rien, n'a rien. (proverbe)
4. Tout est bien qui finit bien. (proverbe)

Exercice 4   Répétez les vers suivants, écrits par Stéphane Mallarmé, en faisant bien attention à la voyelle [ɛ̃].

> Je m'accoude dans le bain
> Aimant entendre Robin

Exercice 5   Répétez le dialogue suivant, en faisant attention à bien prononcer la voyelle [ɛ̃].

— En juin, j'ai amené mon chien Tintin dans le train.
— Vous étiez invités chez votre cousin Justin à Reims, n'est-ce pas?
— Oui. Dans notre compartiment il y avait des lycéens qui ont offert à Tintin de la dinde et un peu de vin.
— Mais les chiens ne sont pas interdits dans les trains?
— Si, mais pas les chiens d'aveugles.

Exercices écrits

Exercice 1   Transcrivez les phrases de l'exercice oral 3 à l'aide de symboles phonétiques.

Exercice 2   Transcrivez les vers de l'exercice oral 4 à l'aide de symboles phonétiques.

Exercice 3   Transcrivez le dialogue de l'exercice oral 5 à l'aide de symboles phonétiques.

LA VOYELLE [œ̃]

Orthographe

Le son [œ̃] correspond aux lettres *un* et *um* de la langue écrite: brun [brœ̃], parfum [par fœ̃]. *Exception:* La terminaison *-um* des mots savants se prononce [ɔm]: alb*um* [al bɔm], maxim*um* [mak si mɔm], aquari*um* [a kwa rjɔm].

Articulation

Comme pour la voyelle orale [œ], mettez la pointe de la langue derrière les dents inférieures, arrondissez les lèvres et soulevez la partie antérieure de la langue vers le palais dur (mais moins haut que pour le son [ø]). Maintenant laissez l'air s'échapper à la fois par la bouche et par le nez. (Voir figure 4.1.)

Beaucoup de Français ont remplacé la voyelle [œ̃] par la voyelle [ɛ̃]. Cette substitution s'explique par le nombre très limité de mots contenant la voyelle [œ̃] et par le fait que la seule différence d'articulation entre les deux voyelles est l'arrondissement des lèvres. En français standard, cependant, on doit conserver la différence entre ces deux voyelles.

EXERCICES D'APPLICATION

Exercices oraux (cassette 7A)

Exercice 1 Répétez les paires suivantes. Dans chaque paire, le premier mot contient la voyelle orale [y] et le deuxième, la voyelle nasale [œ̃].

une / un	d'une / d'un
opportune / opportun	aucune / aucun
brune / brun	chacune / chacun
l'une / l'un	

Exercice 2 Répétez les mots suivants. Faites attention à prononcer la voyelle nasale arrondie [œ̃].

un	parfum	lundi
brun	chacun	un humble parfum
humble	Verdun	

Exercice écrit

Transcrivez les mots de l'exercice oral 2 à l'aide de symboles phonétiques.

LA VOYELLE [ɑ̃]

Orthographe

Le son [ɑ̃] correspond aux lettres *an, am, en, em, aen, aon* de la langue écrite: dans [dɑ̃], chambre [ʃɑ̃br], parent [pa rɑ̃], exemple [ɛg zɑ̃pl], Caen [kɑ̃], paon [pɑ̃]. *Exception:* Dans les mots savants, la terminaison *-en* se prononce [ɛn]: abdomen [ab dɔ mɛn], amen [a mɛn]. (Et n'oubliez pas la prononciation exceptionnelle des mots «examen» [ɛg za mɛ̃] et «agenda» [a ʒɛ̃ da].)

Articulation

Comme pour la voyelle orale [ɑ], mettez la pointe de la langue derrière les dents inférieures, écartez les lèvres, soulevez le dos de la langue un peu vers le palais mou et ouvrez grand la bouche. Maintenant laissez l'air s'échapper à la fois par la bouche et par le nez. (Voir figure 4.1.)

EXERCICES D'APPLICATION

Exercices oraux (cassette 7A)

Exercice 1   Répétez les paires suivantes. Dans chaque paire, le premier mot contient la voyelle orale [a] et le deuxième, la voyelle nasale [ɑ̃].

Anne / an	vanne / vent	chasse / chance
Jeanne / Jean	fat / fente	tard / tend
Cannes / Caen	patte / pente	apporter / emporter
d'Anne / dent	natte / Nantes	amener / emmener
panne / paon	lasse / lance	

Exercice 2   Répétez les mots suivants, en faisant attention à bien prononcer la voyelle nasale [ɑ̃] dans la syllabe fermée.

une pente	ils vendent	quarante
une plante	ils rendent	cinquante
une étudiante	ils pendent	soixante
une tente	ils descendent	élégante
une vente	ils entendent	constante
une lance	ils attendent	courante
une danse	ils mentent	intelligente
une langue	ils chantent	prudente
franche	Nantes	lente
blanche	trente	

Exercice 3   Répétez les phrases suivantes, en faisant bien attention à la voyelle [ɑ̃].

1. En traversant le pont, on a entendu un bruit étrange.
2. On apprend en échouant et en recommençant.
3. Jean a sa maison à Rouen mais il rend souvent visite à ses parents à Nantes.
4. Pendant son enfance, Vincent chantait comme un ange.
5. La familiarité engendre le mépris. (proverbe)
6. L'habitude engendre l'ennui. (proverbe)

Exercice 4 Répétez le passage suivant, en faisant attention à bien prononcer la voyelle nasale [ɑ̃].

> Adam apprend l'allemand avec une dame charmante. Chantal, l'amante d'Adam, comprend également l'allemand et son accent est excellent. Adam, Chantal, et leur copain Jean chantent ensemble en allemand de temps en temps.

Exercice 5 Répétez les deux premières strophes de «Vers dorés» par Gérard de Nerval. Faites attention à bien prononcer la voyelle [ɑ̃].

> Homme, libre-penseur! te crois-tu seul pensant
> Dans ce monde où la vie éclate en toute chose?
> Des forces que tu tiens ta liberté dispose,
> Mais de tous tes conseils l'univers est absent.
>
> Respecte dans la bête un esprit agissant:
> Chaque fleur est une âme à la Nature éclose;
> Un mystère d'amour dans le métal repose;
> «Tout est sensible!» Et tout sur ton être est puissant.

Exercices écrits

Exercice 1 Transcrivez les phrases de l'exercice oral 3 à l'aide de symboles phonétiques.

Exercice 2 Transcrivez le passage de l'exercice oral 4 à l'aide de symboles phonétiques.

Exercice 3 Transcrivez les vers de l'exercice oral 5 à l'aide de symboles phonétiques.

LA VOYELLE [ɔ̃]

Orthographe

Le son [ɔ̃] correspond aux lettres *on* et *om* de la langue écrite: bon [bɔ̃], combien [kɔ̃ bjɛ̃]

Articulation

Bien que cette voyelle soit une variante nasale de la voyelle fermée [o], nous la transcrivons avec le symbole [ɔ̃], que préfèrent la plupart des linguistes. Pour articuler la voyelle [ɔ̃], faites donc comme pour [o]: mettez la pointe de la langue derrière les dents inférieures, arrondissez les lèvres et soulevez le dos de la langue vers le palais mou (mais moins haut que pour la voyelle [u]). Maintenant laissez l'air s'échapper à la fois par la bouche et par le nez. (Voir figure 4.1.)

EXERCICES D'APPLICATION

Exercices oraux (cassette 7A)

Exercice 1   Répétez les paires suivantes. Dans chaque paire, le premier mot contient la voyelle orale [o] et le deuxième, la voyelle nasale [ɔ̃].

baume / bon	pôle / pont	maux / mon
dôme / don	dos / don	lot / l'on
môme / mon	beau / bon	rot / rond
Saône / son	taux / ton	

Exercice 2   Répétez les paires suivantes. Dans chaque paire, le premier mot contient la voyelle orale [ɔ] et le deuxième, la voyelle nasale [ɔ̃].

bonne / bon	donne / don	abandonne / abandon
sonne / son	colonne / colon	pardonne / pardon
tonne / ton	Simone / Simon	stationne / station

Exercice 3   Répétez les expressions suivantes, en faisant attention à bien prononcer la voyelle nasale [ɔ̃] dans une syllabe fermée.

j'ai honte	une onde	il fonce
il monte	une seconde	il tombe
ils répondent	une blonde	onze
ils fondent	une bonde	elle est longue
ils pondent	une fronde	
du monde	à la ronde	

Exercice 4   Répétez les phrases suivantes, en faisant bien attention à la voyelle [ɔ̃].

1. Écartons ton carton, car ton carton nous gêne.
2. Son mari Gaston est allé à Dijon.
3. Avec son oncle à elle, ils font l'ascension du Mont Blanc le onze.
4. Les enfants prononcent les sons en faisant aussi bien attention à l'intonation.

Exercice 5   Répétez le dialogue suivant, en faisant attention à bien prononcer la voyelle nasale [ɔ̃].

— Garçon, comment trouvez-vous le filet mignon?
— Franchement, Madame, il n'est pas très bon. Prenez plutôt le mouton.
— Non, je préfère le jambon.
— Et comme boisson?
— Un bourbon.
— Un bourbon? Avec du jambon?
— Oui, je bois toujours un bourbon avec mon jambon. C'est bon pour la digestion.

Exercice 6   Répétez la chanson suivante, en faisant bien attention aux voyelles nasales.

Sur le pont d'Avignon,
L'on y danse, l'on y danse.
Sur le pont d'Avignon,
L'on y danse tous en rond.

Exercice 7   Répétez les vers suivants, tirés du «Mulet se vantant de sa généalogie» par La Fontaine. Faites bien attention aux voyelles [o] et [ɔ̃].

Quand le malheur ne serait bon
Qu'à mettre un sot à la raison,
Toujours serait-ce à juste cause
Qu'on le dit bon à quelque chose.

Exercice 8   Répétez les deux premières strophes du «Mort joyeux» par Charles Baudelaire, en faisant bien attention aux voyelles [o] et [ɔ̃].

Dans une terre grasse et pleine d'escargots
Je veux creuser moi-même une fosse profonde,
Où je puisse à loisir étaler mes vieux os
Et dormir dans l'oubli comme un requin dans l'onde.

Je hais les testaments et je hais les tombeaux;
Plutôt que d'implorer une larme du monde,
Vivant, j'aimerais mieux inviter les corbeaux
À saigner tous les bouts de ma carcasse immonde.

Exercice 9   Répétez la première strophe de «Demain, dès l'aube» par Victor Hugo, en faisant bien attention aux voyelles nasales.

Demain, dès l'aube, à l'heure où blanchit la campagne,
Je partirai. Vois-tu, je sais que tu m'attends.
J'irai par la forêt, j'irai par la montagne.
Je ne puis demeurer loin de toi plus longtemps.

Exercices écrits

Exercice 1   Transcrivez les phrases de l'exercice oral 4 à l'aide de symboles phonétiques.

Exercice 2   Transcrivez le dialogue de l'exercice oral 5 à l'aide de symboles phonétiques.

Exercice 3   Transcrivez la chanson donnée dans l'exercice oral 6 à l'aide de symboles phonétiques.

Exercice 4   Transcrivez les vers de l'exercice oral 7 à l'aide de symboles phonétiques.

Exercice 5   Transcrivez les vers de l'exercice oral 8 à l'aide de symboles phonétiques.

Exercice 6   Transcrivez les vers de l'exercice oral 9 à l'aide de symboles phonétiques.

EXERCICES DE RÉVISION (VOYELLES NASALES)

Exercice de discrimination

Indiquez la voyelle nasale contenue dans les mots que vous entendez. La clé de l'exercice se trouve à la fin de ce chapitre.

	[ɛ̃]	[œ̃]	[ɑ̃]	[ɔ̃]
1.	___	___	___	___
2.	___	___	___	___
3.	___	___	___	___
4.	___	___	___	___
5.	___	___	___	___
6.	___	___	___	___
7.	___	___	___	___
8.	___	___	___	___
9.	___	___	___	___

[ɛ̃]	[œ̃]	[ɑ̃]	[ɔ̃]
10. ____	____	____	____
11. ____	____	____	____
12. ____	____	____	____
13. ____	____	____	____
14. ____	____	____	____
15. ____	____	____	____
16. ____	____	____	____
17. ____	____	____	____
18. ____	____	____	____
19. ____	____	____	____
20. ____	____	____	____
21. ____	____	____	____
22. ____	____	____	____

Exercices oraux (cassette 7B)

Exercice 1   Répétez les mots suivants, en faisant attention à bien prononcer les voyelles nasales.

qu'un / quand / qu'on

dinde / d'un / dans / dont

enfin / enfant / en font

fin / fente / font

hein / un / an / ont

main / ment / mon

nain / Nantes / n'ont

pain / paon / pont

rein / rend / rond

sein / cent / sont

train / trente / tronc

vin / vent / vont

bain / banc / bon

entrant / entrons

montrant / montrons

rentrant / rentrons

chantant / chantons

bon temps / bon ton

teindre / tendre

atteindre / attendre

intérieur / antérieur

invention

insensible

ascension

Exercice 2   Répétez les phrases suivantes, en faisant attention à bien prononcer les voyelles nasales.

1. Il a gardé son sang-froid. (expression idiomatique)
2. Si l'on en donne long comme le doigt, il en prend long comme le bras. (proverbe)

3. Moins on en parle, mieux ça va. (proverbe)

4. On vient de vendre notre collection de timbres: on en avait cinq cents.

5. Un médecin sympathique donne un examen simple.

6. Le président du syndicat prend un champagne.

7. Combien coûte cet ensemble?

8. Il prend un bon vin blanc.

9. Sylvain ne pense à rien.

10. Il fait don de son sang.

11. Il attend dans son jardin à Reims.

Exercice 3   Répétez le dialogue suivant, en faisant attention à bien prononcer les voyelles nasales.

— Vous jouez du violon depuis longtemps, Jean?
— Non, moi et mes enfants, nous en jouons depuis septembre seulement.
— Ah bon? Et combien d'enfants avez-vous?
— J'en ai trois: François, onze ans, Sylvain, quinze ans, et Vincent, trente ans. Nous dansons aussi ensemble. Et un dimanche matin, nous chanterons à la télévision.

Exercice 4   Répétez les vers suivants, écrits par Stéphane Mallarmé, en faisant bien attention aux voyelles nasales.

Tant que tarde la saison
De juger ce qu'on fait rance,
Je voudrais à sa maison
Rendre cette conférence

Exercice 5   Répétez la fable «Le Glouton» par La Fontaine, en faisant bien attention aux voyelles nasales.

À son souper un glouton
Commande que l'on apprête
Pour lui seul un esturgeon
Sans en laisser que la tête.
Il soupe; il crève, on y court;
On lui donne maints clystères.
On lui dit, pour faire court,
Qu'il mette ordre à ses affaires.
«Mes amis, dit le goulu,
M'y voilà tout résolu;
Et puisqu'il faut que je meure,

Sans faire tant de façon,
Qu'on m'apporte à l'heure
Le reste de mon poisson.»

Exercice 6 Répétez le poème «Saltimbanques» par Guillaume Apollinaire, en faisant bien attention aux voyelles nasales.

Dans la plaine les baladins
S'éloignent au long des jardins
Devant l'huis des auberges grises
Par les villages sans églises

Et les enfants s'en vont devant
Les autres suivent en rêvant
Chaque arbre fruitier se résigne
Quand de très loin ils lui font signe

Ils ont des poids ronds ou carrés
Des tambours des cerceaux dorés
L'ours et le singe animaux sages
Quêtent des sous sur leur passage

Exercices écrits

Exercice 1 Transcrivez les phrases de l'exercice oral 2 à l'aide de symboles phonétiques.

Exercice 2 Transcrivez le dialogue de l'exercice oral 3 à l'aide de symboles phonétiques.

Exercice 3 Transcrivez les vers de l'exercice oral 4 à l'aide de symboles phonétiques.

Exercice 4 Transcrivez la fable «Le Glouton», donnée dans l'exercice oral 5, à l'aide de symboles phonétiques.

Exercice 5 Transcrivez le poème «Saltimbanques», donné dans l'exercice oral 6, à l'aide de symboles phonétiques.

VOYELLE NASALE OU VOYELLE ORALE?

La discussion qui précède de l'articulation des voyelles nasales nous ayant donné le moyen de distinguer ces quatre voyelles, tournons à présent notre attention vers un deuxième problème auquel l'étudiant anglophone doit faire face lorsqu'il s'agit de voyelles nasales: quand prononce-t-on une voyelle nasale et quand une voyelle orale? Dans cette section, nous considérons la prononciation de ces voyelles dans les mots isolés. Pour la question du maintien ou de la perte de la nasalité dans le mot phonétique, voir chapitre 2.

Pour déterminer la nasalité (ou le manque de nasalité) d'une voyelle en français, on doit tenir compte de la position de cette voyelle dans le mot. *Pour les voyelles toniques,* suivez ces règles:

1. Si elle est suivie de la seule lettre écrite *n* ou *m,* la voyelle est *nasale* (et *n* ou *m* est muet):

   faim [fɛ̃]   parfum [par fœ̃]   an [ɑ̃]   bon [bɔ̃]

2. Si elle est suivie de la lettre écrite *n* ou *m* plus une ou deux autres consonnes écrites, la voyelle est *nasale,* le *n* ou *m* muet (les consonnes finales peuvent être muettes ou prononcées, selon le mot):

   teint [tɛ̃]   défunt [de fœ̃]   champ [ʃɑ̃]   sens [sɑ̃s]
   pont [pɔ̃]

3. Si elle est suivie de la lettre écrite *n* ou *m* plus une consonne écrite (qui n'est pas *n* ou *m*) et un *e muet* (il peut y avoir d'autres consonnes muettes après le *e muet* dans le cas de terminaisons verbales), la voyelle est *nasale:*

   peinte [pɛ̃t]   vendent [vɑ̃d]   monte [mɔ̃t]   lampe [lɑ̃p]

mais

4. Si elle est suivie des lettres écrites *n, nn, m* ou *mm* plus un *e muet* (il peut y avoir d'autres consonnes muettes après le *e muet* dans le cas de terminaisons verbales), la voyelle est *orale:*

   laine [lɛn]   une [yn]   dînent [din]   Anne [an]
   somme [sɔm]   fine [fin]   intime [ɛ̃ tim]

Pour les voyelles prétoniques, le choix entre voyelle orale et nasale dépend de la division syllabique.

1. Si la voyelle est suivie de la lettre *n* ou *m* plus une seule consonne prononcée, on fait la division syllabique entre le *n* ou *m* et cette consonne, et la voyelle est *nasale:*

   sym/phonie [sɛ̃ fɔ ni]   lun/di [lœ̃ di]
   en/volé [ɑ̃ vɔ le]   hon/teux [ɔ̃ tø]

2. Si la voyelle est suivie de la lettre *n* ou *m* plus au moins deux consonnes prononcées, on fait la division syllabique entre le *n* ou *m* et ces deux consonnes, et la voyelle est *nasale:*

rem/plir [rɑ̃ plir]   ren/trer [rɑ̃ tre]   in/struit [ɛ̃ strɥi]

mais

3. Si la voyelle est suivie de la lettre *n* ou *m* plus une voyelle, on fait la division syllabique après la première voyelle, et celle-ci est *orale:*

a/mi [a mi]   fa/né [fa ne]   ti/mide [ti mid]

do/miner [dɔ mi ne]

4. Si la voyelle est suivie des lettres *nn* ou *mm* plus une voyelle, on fait la division syllabique après la première voyelle, et celle-ci est *orale:*

a/nnée [a ne]   i/mmobile [i mɔ bil]

do/mmage [dɔ maʒ]   pardo/nner [par dɔ ne]

Quelques exceptions sont à signaler en ce qui concerne la voyelle [ɑ̃].

1. Les préfixes *em-, en-* se prononcent toujours [ɑ̃], même si la consonne *n* ou *m* est doublée ou suivie d'une voyelle et donc prononcée dans la syllabe suivante:

emmêler [ɑ̃ mɛ le]   ennuyer [ɑ̃ nɥi je]

emmener [ɑ̃ mə ne] (ou [ɑ̃m ne])   ennoblir [ɑ̃ nɔ blir]

enamourer [ɑ̃ na mu re]   enivrer [ɑ̃ ni vre]

enorgueillir [ɑ̃ nɔr gœ jir]

(Notez la prononciation du mot «ennemi» [ɛn mi], ou *en* n'est pas un préfixe.)

2. La terminaison verbale *-ent* est muette:

ils cour*ent* [il kur]   ils partai*ent* [il par tɛ]

ils chanterai*ent* [il ʃɑ̃ trɛ]

Pour un résumé de la distribution des voyelles nasales et orales, voir tableau 4.2.

EXERCICES D'APPLICATION

Exercices écrits

Exercice 1 Transcrivez les mots suivants à l'aide de symboles phonétiques. Faites très attention aux voyelles orales et nasales.

1. champagne	16. initial	31. syndicat
2. trône	17. tentation	32. antérieur
3. Simone	18. immédiat	33. immobile
4. instable	19. insister	34. tendance
5. ronronne	20. tantôt	35. lancer
6. symphonie	21. franche	36. ennuyer
7. tenace	22. gonfler	37. annoter
8. gommer	23. amende	38. famille
9. flanc	24. inactif	39. Jeanne
10. menthe	25. bain	40. imprévu
11. premier	26. imprimeur	41. printemps
12. teinter	27. grandement	42. venir
13. amphithéâtre	28. inhabitable	43. primaire
14. infester	29. exterminer	44. mentir
15. symétrie	30. anti-nucléaire	45. enivrer

Tableau 4.2   Voyelle orale ou nasale: Résumé

	[Ṽ]	[VN]
Syllabe tonique	V + N: faim [fɛ̃] V + N + C: teint [tɛ̃], sens [sɑ̃s] V + N + C + *e muet:* vende [vɑ̃d] *Exception:* terminaison verbale *-ent*: ils parlent [il parl]	V + N (ou NN) + *e muet:* une [yn], Anne [an]
Syllabe prétonique	V + N + C (ou CC): lundi [lœ̃ di]	V + N (ou NN) + V: ami [a mi], année [a ne] *Exception:* préfix *-em, -en:* ennui [ɑ̃ nɥi]

Clé: V = voyelle écrite; [V] = voyelle orale; [Ṽ] = voyelle nasale; C = consonne écrite; CC = groupe consonantique; N = *n, m;* NN = *nn, mm;* [N] = [n], [m]

Exercice 2 Transcrivez les phrases suivantes à l'aide de symboles phonétiques, en faisant bien attention aux voyelles nasales et orales.

1. Cependant, les pendants pendent.
2. Ils se fatiguent. C'est fatigant.
3. Les résultats nous fascinent. Ils sont fascinants.
4. Ils répondent en réfléchissant.
5. À une conférence ennuyeuse, les étudiants s'endorment en écoutant.
6. Ils préfèrent s'enivrer en buvant du vin au restaurant.

Exercice 3 Transcrivez le poème «Chanson d'Automne», par Paul Verlaine, à l'aide de symboles phonétiques. Faites bien attention aux voyelles orales et nasales.

> Les sanglots longs
> Des violons
>   De l'automne
> Blessent mon cœur
> D'une langueur
>   Monotone.
>
> Tout suffocant
> Et blême, quand
>   Sonne l'heure,
> Je me souviens
> Des jours anciens
>   Et je pleure,
> Et je m'en vais
> Au vent mauvais
>   Qui m'emporte
> Deçà, delà,
> Pareil à la
>   Feuille morte.

Exercice 4 Transcrivez à l'aide de symboles phonétiques le passage suivant, tiré de «De la Société» par La Bruyère. Faites attention aux voyelles orales et nasales.

> Combien de belles et inutiles raisons à étaler à celui qui est dans une grande adversité, pour essayer de le rendre tranquille! Les choses de dehors, qu'on appelle les événements, sont quelquefois plus fortes que la raison et que la nature. «Mangez, dormez, ne vous laissez point mourir de chagrin, songez à vivre»: harangues froides, et qui réduisent

à l'impossible. «Êtes-vous raisonnable de vous tant inquiéter?» n'est-ce pas dire: «Êtes-vous fou d'être malheureux?»

Exercice 5   Transcrivez à l'aide de symboles phonétiques le passage suivant, tiré de *Thérèse Desqueyroux* par François Mauriac. Faites bien attention aux voyelles orales et nasales.

Jusqu'à la fin de décembre, il fallut vivre dans ces ténèbres. Comme si ce n'eût pas été assez des pins innombrables, la pluie ininterrompue multipliait autour de la sombre maison ses millions de varreaux mouvants. Lorsque l'unique route de Saint-Clair menaça de devenir impraticable, je fus ramenée au bourg, dans la maison à peine moins ténébreuse que celle d'Argelouse. Les vieux platanes de la Place disputaient encore leurs feuilles au vent pluvieux. Incapable de vivre ailleurs qu'à Argelouse, tante Clara ne voulut pas s'établir à mon chevet; mais elle faisait souvent la route, par tous les temps, dans son cabriolet «à la voile»; elle m'apportait ces chatteries que j'avais tant aimées, petite fille, et qu'elle croyait que j'aimais encore, ces boules grises de seigle et de miel, appelées miques; le gâteau dénommé fougasse ou roumadjade.

Exercice 6   Transcrivez à l'aide de symboles phonétiques le passage suivant, tiré de *Noces à Tipasa* par Albert Camus. Faites bien attention aux voyelles nasales et orales.

Je comprends ici ce qu'on appelle gloire: le droit d'aimer sans mesure. Il n'y a qu'un seul amour dans ce monde. Étreindre un corps de femme, c'est aussi retenir contre soi cette joie étrange qui descend du ciel vers la mer. Tout à l'heure, quand je me jetterai dans les absinthes pour me faire entrer leur parfum dans le corps, j'aurai conscience, contre tous les préjugés, d'accomplir une vérité qui est celle du soleil et sera aussi celle de ma mort. Dans un sens, c'est bien ma vie que je joue ici, une vie à goût de pierre chaude, pleine de soupirs de la mer et des cigales qui commencent à chanter maintenant. La brise est fraîche et le ciel bleu. J'aime cette vie avec abandon et veux en parler avec liberté: elle me donne l'orgueil de ma condition d'homme. Pourtant, on me l'a souvent dit: il n'y a pas de quoi être fier. Si, il y a de quoi: ce soleil, cette mer, mon cœur bondissant de jeunesse, mon corps au goût de sel et l'immense décor où la tendresse et la gloire se rencontrent dans le jaune et le bleu. C'est à conquérir cela qu'il me faut appliquer ma force et mes ressources. Tout ici me laisse intact, je n'abandonne rien de moi-même, je ne revêts aucun masque: il me suffit d'apprendre patiemment la difficile science de vivre qui vaut bien tout leur savoir-vivre.

Exercice 7 Écrivez les phrases qui correspondent aux symboles phonétiques suivantes.

1. [lɔ̃ nə pø ta le lwɛ̃ dɑ̃ la mi tje], [si lɔ̃ nе pa di spo ze a sə par dɔ ne
le zœ̃ o zotr le pə ti de fo]. (La Bruyère)

2. [i lɛ di fi sil də kɔ̃ prɑ̃ drə kɔ̃ bjɛ̃ ɛ grɑ̃d la rə sɑ̃ blɑ̃s e la di fe rɑ̃s
kil ja ɑ̃ trə tu le zɔm]. (La Rochefoucauld)

3. [ski lja də sɛr tɛ̃ dɑ̃ la mɔr ɛ tœ̃ pø a du si par ski ɛ tɛ̃ sɛr tɛ̃]: [sɛ tœ̃
nɛ̃ de fi ni dɑ̃ lə tɑ̃ ki tjɛ̃ kɛl kə ʃoz də lɛ̃ fi ni e də skɔ̃ na pɛ le tɛr
ni te]. (La Bruyère)

Exercices oraux (cassette 7B)

Exercice 1 Répétez les mots de l'exercice écrit 1.

Exercice 2 Répétez les phrases de l'exercice écrit 2.

Exercice 3 Répétez le poème «Chanson d'Automne», donné dans l'exercice écrit 3.

Exercice 4 Répétez le passage de l'exercice écrit 4.

Exercice 5 Répétez le passage de l'exercice écrit 5.

Exercice 6 Répétez le passage de l'exercice écrit 6.

Clé à l'exercice de discrimination

Pages 126–127

	[ɛ̃]	[œ̃]	[ɑ̃]	[ɔ̃]	
1.	X	____	____	____	du vin
2.	____	____	____	X	le ton
3.	____	____	X	____	une dent
4.	X	____	____	____	le timbre
5.	____	X	____	____	brun
6.	____	____	X	____	du vent
7.	____	____	____	X	une onde
8.	____	____	X	____	entrer
9.	____	X	____	____	aucun
10.	X	____	____	____	au moins

	[ɛ̃]	[œ̃]	[ɑ̃]	[ɔ̃]	
11.				X	fondu
12.			X		une centaine
13.	X				le médecin
14.		X			ce lundi
15.	X				inscrit
16.			X		tendre
17.				X	onduler
18.	X				craindre
19.			X		dedans
20.				X	longue
21.	X				l'examen
22.				X	la montagne

Lectures supplémentaires (voyelles nasales)

Voir bibliographie.

Chapitre 5

Le e muet

On appelle la voyelle [ə] «*e muet*», «caduc» ou «instable», parce qu'elle n'est pas toujours prononcée dans la langue standard. Comparez le mot «jeudi», toujours prononcé [ʒø di], à «je dis», prononcé parfois [ʒə di] et parfois [ʒdi]. Dans cette section nous discuterons les cas où ce son [ə] peut et quelquefois doit s'amuïr. Nous considérons aussi les contextes dans lesquels il faut prononcer [ə] plutôt que [e] ou [ɛ].

Orthographe

En français, la voyelle [ə] est presque toujours représentée par la lettre *e*. Notons cependant que la lettre *e* surmontée d'un signe (accent ou tréma) ne se prononce jamais [ə]: *é, è, ê, ë*. Les deux cas dans lesquels le son [ə] n'est pas orthographié *e* sont le mot «M*o*nsieur» [mə sjø] et les formes bisyllabiques de verbe «*faire*»; par exemple, «nous f*ai*sons» [nu fə zɔ̃] et «en f*ai*sant» [ɑ̃ fə zɑ̃]. En anglais, par contre, toutes les voyelles en position inaccentuée peuvent se prononcer [ə]: vist*a* [vɪstə], for*ei*gn [fɔrən], ele-m*e*nt [ɛlImənt], cons*o*nant [kɑnsənənt].

Articulation

Comme nous l'avons déjà remarqué (chapitre 3), l'articulation de la voyelle [ə] est très proche de celle de [ø] et de [œ]. Cette voyelle est orale, anté-rieure (un peu plus centrale que [ø] et [œ]) et arrondie, et son aperture varie entre fermée et ouverte (voir tableau 3.1). Donc, pour articuler la voyelle [ə], mettez la pointe de la langue derrière les dents inférieures et soulevez la partie antérieure de la langue vers le palais dur moins haut que pour la voyelle [y] mais plus haut que pour la voyelle [a]. Maintenant arrondissez les lèvres sans bouger la langue. Quand vous prononcez le son [ə], gardez constante la tension musculaire des lèvres, de la langue et des mâchoires, et faites attention à bien arrondir les lèvres.

[ə], [e] OU [ɛ]?

En français, la voyelle [ə] est donc presque toujours représentée dans la langue écrite par la lettre *e*. Mais, comme nous le savons, cette lettre se prononce aussi parfois [e] et parfois [ɛ]. Comparez: des [de], dette [dɛt], de [də]. Il faut alors connaître les trois contextes dans lesquels la lettre *e* se prononce [ə] plutôt que [e] ou [ɛ]. Ensuite, nous étudierons les cas où ce [ə] peut ou doit tomber.

    1. Tout d'abord, il y a neuf mots d'une syllabe où la lettre *e* se prononce [ə]:

      je   me   te   le   se   ce   que   de   ne

(Cette liste est complète.)

    2. Ensuite, à la fin des autres mots, la lettre *e* représente le son [ə] (mais celui-ci est presque toujours muet dans la langue parlée). La terminaison verbale de la troisième personne du pluriel (*-ent*) ou un *s* à la fin du nom pluriel ne change pas la prononciation du [ə].

    uné [yn]   entré [ɑ̃tr]   ils chantént [il ʃɑ̃t]   chaisés [ʃɛz]

    3. Finalement, dans la position prétonique d'un mot isolé, la lettre *e* se prononce [ə] dans les cas suivants:

Si elle est suivie d' une consonne prononcée plus une voyelle prononcée ou une semi-voyelle

Si elle est suivie d'un groupe consonantique consistant d'une consonne prononcée plus [l] ou [r] et une voyelle prononcée ou une semi-voyelle:

    revoir [rə vwar]   mener [mə ne]   jeter [ʒə te]

    recherche [rə ʃɛrʃ]   degré [də gre]   retraite [rə trɛt]

    secrétaire [sə kre tɛr]   replier [rə pli je]

Exception: La lettre *e* ne se prononce pas [ə] si elle est suivie d'une consonne double à l'écrit: je verrai [ʒə vɛ re].

    Dans les exemples suivants, comparez la colonne de gauche, où *e* se prononce [ə], à la colonne de droite, où *e* se prononce [ɛ] ou [e] (le choix dépend de l'harmonisation vocalique). La colonne de droite montre la lettre *e* en position prétonique quand elle est suivie d'une consonne double à l'écrit ou de deux consonnes prononcées dont la deuxième n'est ni [l] ni [r]:

[ə]	[ɛ] ou [e]
il sera [il sə ra]	il serra [il sɛ ra]
tenir [tə nir]	tennis [te nis]
retrait [rə trɛ]	respect [rɛ spɛ]
replier [rə pli je]	restaurant [rɛ stɔ rã]

Notez la correspondance entre la prononciation de la lettre *e* ([ə] ou [ɛ]) dans l'avant-dernière syllabe de certains verbes de la première conjugaison et le nombre de consonnes qui la suivent:

app*é*ler ([ə], qui n'est pas prononcé) [a ple], nous app*é*lons ([ə], qui n'est pas prononcé) [nu za plɔ̃] *mais* j'app*e*lle [ʒa pɛl]

j*e*ter [ʒə te], nous j*e*tons [nu ʒə tɔ̃] *mais* je j*e*tte [ʒə ʒɛt]

Exceptions:

1. Les mots «d*e*ssous» [də su] et «d*e*ssus» [də sy] et les mots dérivés de ceux-ci (par-dessus [par də sy], au-dessus [od sy])

2. Le préfixe *re* se prononce [rə] même suivi de deux *ss:*

ressource [rə surs]   ressortir [rə sɔr tir]   ressort [rə sɔr]

Exception: ressusciter [re sy si te].

Mot particulier: Notez la prononciation du mot «dehors» [də ɔr].

EXERCICES D'APPLICATION

Exercices écrits

Exercice 1 Écrivez la phrase qui correspond aux symboles phonétiques suivantes.

[lɔ nɛ tə te], [le ze gar e la pɔ li tɛs de pɛr sɔ na vã se ã naʒ də lœ̃ u də lo tra sɛks mə dɔn bɔ nɔ pi njɔ̃ də sə kɔ̃ na pɛl lə vjø tã]. (La Bruyère)

Exercice 2   Transcrivez les paires de mots suivantes à l'aide de symboles phonétiques.

1. jetons
   jetterons
2. serez
   serrez
3. appeler
   appelle
4. ressembler
   dresser

5. ménage
   mener
6. cerveau
   cela
7. lecture
   leçon
8. dessiner
   dessous

9. recevoir
   apercevoir
10. retraite
    respect
11. tenir
    tennis
12. bêtise
    besoin

Exercice 3   Transcrivez les mots suivants à l'aide de symboles phonétiques.

1. revenir
2. retour
3. revoir
4. retard
5. revaloir
6. resalir
7. regret
8. redresser

9. refroidir
10. reprendre
11. reflux
12. retrait
13. ressusciter
14. ressaisir
15. ressort
16. ressurgir

17. resservir
18. rectifier
19. rectangle
20. respecter
21. respiration
22. restituer
23. restaurant
24. reddition

Exercice 4   Transcrivez les mots suivants à l'aide de symboles phonétiques.

1. reprise
2. vendredi
3. spectacle
4. pessimiste
5. dehors
6. responsable
7. jeter
8. jetterions
9. message
10. au-dessous
11. pelle
12. secret
13. réflexion
14. venir

15. nectar
16. ressource
17. velours
18. respirer
19. lever
20. dément
21. merci
22. guérir
23. fessée
24. Berlin
25. guetter
26. ressortir
27. devenir
28. mercredi

29. tenace
30. percer
31. quereller
32. serrement
33. demi
34. terrestre
35. peler
36. bestial
37. terrible
38. selon
39. vedette
40. depuis
41. bercer
42. serviette

43. pelouse	**49.** secrétaire	**55.** mesure
44. lecture	**50.** regrette	**56.** guenille
45. refaire	**51.** nettoyer	**57.** semaine
46. demeure	**52.** dedans	**58.** berger
47. fera	**53.** menuet	**59.** menotte
48. leçon	**54.** seller	**60.** restreint

Exercice de discrimination

Indiquez si les mots que vous entendez contiennent le son [e], le son [ɛ] ou le son [ə]. La clé de l'exercice se trouve à la fin de ce chapitre.

	[e]	[ɛ]	[ə]
1.	____	____	____
2.	____	____	____
3.	____	____	____
4.	____	____	____
5.	____	____	____
6.	____	____	____
7.	____	____	____
8.	____	____	____
9.	____	____	____
10.	____	____	____
11.	____	____	____
12.	____	____	____
13.	____	____	____
14.	____	____	____
15.	____	____	____
16.	____	____	____
17.	____	____	____
18.	____	____	____

Exercices oraux (cassette 8A)

Exercice 1 Répétez les mots de l'exercice écrit 2, en faisant bien attention à la prononciation de la lettre *e*.

Exercice 2 Répétez les mots de l'exercice écrit 3, en faisant bien attention à la prononciation de la lettre *e*.

Exercice 3   Répétez les mots de l'exercice écrit 4, en faisant bien attention à la prononciation de la lettre *e*.

LE MAINTIEN OU LA CHUTE DU [ə]

Ayant décidé qu'une lettre écrite donne lieu au son [ə], on doit alors savoir si on garde ce son ou s'il s'amuït dans la langue parlée. Dans la langue standard, il y a des cas où il faut garder la voyelle [ə], d'autres où il faut la laisser tomber et d'autres où le son est facultatif. Le maintien de la voyelle dans le dernier cas dépend de plusieurs facteurs stylistiques. Le facteur principal est la rapidité du parler; plus il est rapide, plus on perd de *e muets*. Le [ə] se perd donc plus facilement dans le mot phonétique que dans le mot isolé, puisque ce dernier tend à être prononcé moins rapidement. On peut, par contre, choisir de garder le *e muet* pour donner une valeur expressive à ce qu'on dit: C'était *petit petit*! [se tɛ pə ti pə ti]. Par ailleurs, plus le niveau de langue est élevé, plus le parler est lent et plus on garde de *e muets*. On prononcera donc le *e muet* beaucoup plus souvent dans la poésie, dans les chansons, dans les discours et dans la lecture à haute voix.

[ə] OBLIGATOIRE, INTERDIT OU FACULTATIF?

Pour décider du maintien ou de l'amuïssement du son [ə], on tient compte de l'*environnement phonétique* de la voyelle, laquelle peut se trouver dans l'une des quatre positions décrites ci-dessous.

1. À la fin du mot isolé, la voyelle [ə] est presque toujours muette (elle peut être suivie de consonnes muettes):

le pôle [lə pol]   il danse [il dɑ̃s]   ils chantent [il ʃɑ̃t]

Exception: Le pronom d'objet direct *le* garde sa voyelle à l'impératif affirmatif: Bois-le! [bwa lə].

2. Dans la première syllabe du mot isolé ou du mot phonétique, il faut garder le son [ə]:

Vous levez la main.   *mais* Levez la main.
[vul ve la mɛ̃]   [lə ve la mɛ̃]

Tu demandes la réponse. *mais* Demande la réponse.
[tyd mɑ̃d la re pɔ̃s]   [də mɑ̃d la re pɔ̃s]

Vous ne la faites pas. *mais* Ne la faites pas!
[vun la fɛt pa]   [nə la fɛt pa]

Exception: Des neuf mots monosyllabiques dont la voyelle est [ə], les mots «je», «me», «le», «se», «ce» et «ne» ont tendance à perdre le [ə] même s'ils constituent la première syllabe du mot phonétique. Mais quand ces mots forment la première syllabe du groupe phonétique et sont suivis d'un *e muet* dans la deuxième syllabe, le premier [ə] est généralement maintenu et le deuxième s'amuït.

Jé dirais qué oui.	Je lé dirais.
[ʒdi rɛ kwi]	[ʒəl di rɛ]
Mé les démandez-vous?	Me lé demandez-vous?
[mled mɑ̃ de vu]	[məl də mɑ̃ de vu]
Lé vent commencé à souffler.	Le pétit est arrivé.
[lvɑ̃ kɔ mɑ̃ sa su fle]	[ləp ti tɛ ta ri ve]
Sé lavé-t-il?	Se régardé-t-il?
[slav til]	[sər gard til]
Cé n'est pas justé!	Ce réssort est rouillé.
[snɛ pa ʒyst]	[sər sɔ rɛ ru je]
Né la bois pas.	Ne lé bois pas.
[nla bwa pa]	[nəl bwa pa]

Mémorisez les deux combinaisons «cé que» et «jé te», qui perdent toujours le premier [ə]:

Voilà cé que jé veux. [vwa la skəʒ vø]

Jé te lé dirai. [ʃtəl di re]

(Le [ʒ] se prononce [ʃ] par assimilation; voir chapitre 7.)

3. Si, dans un mot phonétique, il y a une succession de syllabes contenant la voyelle [ə], d'habitude la première est prononcée, la deuxième s'amuït, la troisième est prononcée et ainsi de suite, surtout si le premier [ə] se trouve dans la première syllabe de la phrase.

Ne té le démandé pas. [nət ləd mɑ̃d pɑ]

Je né me lé demandé pas. [ʒən məl də mɑ̃d pa]

Mais n'oubliez pas les deux combinaisons figées: «cé que» [skə] et «jé te» [ʃtə].

Si le premier *e muet* n'est pas dans la première syllabe de la phrase, on a le choix de ne pas le prononcer et de maintenir le deuxième ou bien de le prononcer et de supprimer le deuxième:

Vous ne mé le démandez pas.   *ou*   Vous né me lé demandez pas.
[vu nəm ləd mɑ̃ de pa]   [vun məl də mɑ̃ de pas]

Nous ne lé regardons pas.   *ou*   Nous né le régardons pas.
[nu nəl rə gar dɔ̃ pa]   [nun lər gar dɔ̃ pa]

4. Quand la voyelle [ə] est à l'intérieur du mot isolé ou du mot phonétique, c'est-à-dire, ni dans la première ni dans la dernière syllabe, et quand il ne s'agit pas d'une suite de syllabes la contenant, on applique les règles suivantes:

Si la voyelle [ə] est précédée d'*une* seule consonne prononcée, elle est la plupart du temps muette. En général, cette chute est obligatoire dans le mot isolé et facultative dans le mot phonétique.

appélons   mangérez   améner   pelléter   céléri

je jettérai   nous lé voulons   sans lé garçon

nous né parlons pas   assez dé musique   paré-brise

où est lé train?   il prendra lé studio

il y a trop dé fleurs   pas dé structure   je lé prononce

Si la voyelle [ə] est précédée de *deux* consonnes prononcées, il faut toujours maintenir la voyelle:

gouvernement   appartement   tristement   brusquerie

orphelin   fermeté   subvenir   tartelette   vendredi

mercredi   pour le garçon   ne parle pas   Patrick le veut

directeur de musique

Cette règle est suivie beaucoup moins strictement dans le mot phonétique que dans le mot isolé.

Exceptions: Les exceptions à ces règles sont nombreuses. Quelques facteurs qui facilitent ou empêchent la chute du *e muet* sont donnés ci-dessous.

1. Dans le style élevé, surtout dans la poésie, on prononce souvent les *e muets*. Dans la poésie, on prononce tous les *e muets* suivis d'une consonne prononcée. On ne prononce pas les *e muets* suivis d'une voyelle, ni les *e muets* à la fin du vers. Notez les [ə] prononcés dans cette première strophe d'un sonnet de Nerval (les vers sont des alexandrins, c'est-à-dire, des vers composés de douze syllabes):

Homm*e*, libr*e*-penseur! *t*e crois-tu seul pensant
Dans c*e* mond*é* où la vi*é* éclat*é* en tout*e* chos*é*?
Des forc*es* qu*e* tu tiens ta liberté dispos*é*,
Mais d*e* tous tes conseils l'univers est absent.

«Vers dorés»

2. On tend à prononcer les *e muets* dans un mot inconnu ou dans un mot peu fréquent.

3. Le maintien du *e muet* permet d'éviter de prononcer une consonne géminée, c'est-à-dire, de prononcer deux fois de suite la même consonne:

sous l*e* lit [su lə li]   entrons d*e*dans [ɑ̃ trɔ̃ də dɑ̃]

4. Si la voyelle [ə] est suivie d'une consonne prononcée plus la semi-voyelle [j], on garde presque toujours le [ə]:

nous app*é*lons (présent) *mais* nous appelions (imparfait)

vous donn*é*rez (futur) *mais* vous donneriez (conditionnel)

il ne mang*é* pas *mais* il ne mang*e* rien

Cette tendance est moins forte dans le mot phonétique. On pourra donc dire, par exemple: Tu n*é* viens pas. Je l*é* tiens. Il ne mang*é* rien.

5. Si la voyelle [ə] est précédée de deux consonnes dont la première est un [r] ou un [l], le [ə] peut s'amuïr en deux cas:

Dans les mots phonétiques:

la sœur d*é* ma femme   toujours l*é* même

Dans le futur et le conditionnel des verbes de la première conjugaison (excepté aux première et deuxième personnes du pluriel au conditionnel, où la présence de la semi-voyelle [j] fait qu'on maintient le [ə]):

tu regard*é*rais *mais* vous regarderiez

nous parl*é*rons *mais* nous parlerions

6. Dans le mot phonétique, le *e muet* des neuf mots monosyllabiques tombe très souvent dans le parler rapide, même s'il est précédé de deux consonnes prononcées:

professeur d*é* maths   un verr*é* d*é* vin   avec d*é* la chanc*é*

7. Dans la langue courante et dans la langue populaire, quand un *e muet* contenu dans la dernière syllabe de certains mots est précédé de deux consonnes dont la deuxième est [r] ou [l], on laisse souvent tomber ce [r] ou ce [l] ainsi que la voyelle [ə]. Bien que cette prononciation ne soit pas standard, on entend parfois

tabl*é* rond*é*   ça doit êtr*é* facil*é*   quatr*é* kilos

un grand nombr*é* de gens   il est impossibl*é* de dir*é*

quelqu*é* chos*é*

EXERCICES D'APPLICATION

Exercices oraux (cassette 8A)

Exercice 1   Répétez les mots suivants, qui ont tous un un [ə] obligatoire.

vendredi	brusquerie	nous gagnerions
gouvernement	orphelin	nous mangerions
appartement	fermeté	vous appelleriez
tartelette	subvenir	vous danseriez

Exercice 2   Répétez les mots et les expressions suivants, en faisant bien attention à ne pas prononcer les *e muets*.

appeler	céleri	au-dessus
amener	à demain	c'est à refaire
pelleter	en retard	tu recommences
chercherons	au revoir	tu regardes
regarderez	à la retraite	tu reviendrais
je jetterai	en faisant	
pare-choc	au-dessous	

Exercice 3   Répétez les phrases suivantes, en faisant bien attention aux *e muets*.

J*é* dirais qu*é* oui. / Je l*é* dirais.

J*é* pens*é* que non. / Je l*é* pens*é*.

M*é* les d*é*mandez-vous? / Me l*é* demandez-vous?

S*é* lav*é*-t-il? / Se r*é*garde-t-il?

C*é* n'est pas just*é*! / Ce r*é*ssort manqu*é*.

L*é* vent commenc*é* à souffler. / Le p*é*tit arriv*é*.

N*é* la bois pas. / Ne l*é* bois pas.

C*é* que tu pens*é*s est bête. / Voilà c*é* que j*é* pens*é*.

J*é* te l*é* dirai. / Est-c*é* que j*é* te l*é* dirai?

Exercice 4   Répétez les phrases suivantes, en faisant bien attention aux *e* muets.

1. Appélons un chat un chat. (proverbe)
2. Ne faités pas à autrui cé que vous né voudrez pas qu'on vous fassé à vous-mêmé. (proverbe)
3. Mon pétit doigt mé l'a dit. (expression idiomatique)
4. On leur a jeté dé la poudré aux yeux. (expression idiomatique)
5. Il faut en vénir au fait. (expression idiomatique)
6. Tu té moqués de cé que jé pensé.
7. Jé dirais qué la nouvellé directricé n'a pas beaucoup dé patiencé.
8. Jé pensé qu'il vaut mieux liré le livré avant d'aller voir le film.
9. Jé suis étonné qué vous né compreniez pas!
10. Jé te passérai un coup dé fil un dé ces jours.
11. Il sé lèvé tôt lé matin et sé couché à neuf heurés et démié.
12. Je né veux pas qu'ellé sé fâché.
13. Je mé demandé pourquoi vous né venez pas avec nous.
14. Tout lé mondé est allé sé promener dans lé parc.
15. Appélez-moi lé directeur. Je lui posérai lé problèmé.

Exercices écrits

Exercice 1   Écrivez le passage qui correspond aux symboles phonétiques suivants. Suivez la ponctuation donnée.

1. [skə le pɔ ɛt], [le zɔ ra tœr],
2. [mɛm kɛl kə fi lɔ zɔf nu diz syr la mur də la glwar],
3. [ɔ̃ nu lə di zɛ o kɔ lɛʒ pur nu zɑ̃ ku ra ʒe a a vwar le pri].
4. [skə lɔ̃ di o zɑ̃ fɑ̃ pur le zɑ̃ ga ʒe a pre fe re a yn tar tə lɛt le lwɑ̃ʒ də lœr bɔn],
5. [sɛ skɔ̃ re pɛ to zɔm pur lœr fɛr pre fe re a œ̃ nɛ̃ tɛ re pɛr sɔ nɛl le ze lɔʒ də lœr kɔ̃ tɑ̃ pɔ rɛ̃ u də la pɔ ste ri te].

(Chamfort)

Exercice 2   Dans les paires suivantes, soulignez les [ə] obligatoires et barrez ceux qui sont facultatifs dans la langue standard. Soyez prêt à justifier vos réponses.

1. la demande
   une demande
2. la semaine
   cette semaine

3. le semestre
   un autre semestre

4. nous ferons
   nous ferions

5. nous demeurons
   elles demeurent

6. sur le pied
   sous le pied

7. c'est faisable
   il faisait

8. nous donnerions
   je donnerais

9. je recommence
   il recommence

10. au-dessous
    un pardessus

11. il ne discute rien
    il ne discute pas

12. avec ce garçon
    sans ce garçon

Exercice 3   Dans les phrases suivantes, soulignez les [ə] obligatoires et barrez ceux qui sont facultatifs dans la langue standard. Soyez prêt à justifier vos réponses.

1. Il ne te le redira pas.
   Je ne te le redirai pas.

2. Il me le donne.
   Il ne me le donne pas.

3. Je ne sais pas.
   Je ne le sais pas.

4. Je te le redirai demain.
   Il ne me comprend pas.

5. Achetez la petite voiture.
   Achetez cette petite voiture.

6. Il ne se le redemande pas.
   On ne se le redemande pas.

7. On le dit souvent.
   On ne le dit pas.

8. Ferme la porte noire.
   Parle-lui de ce project.

9. Je me le demande.
   Je ne me le demande pas.

Exercice 4   Dans les phrases suivantes, soulignez les [ə] obligatoires et barrez ceux qui sont facultatifs dans la langue standard. Soyez prêt à justifier vos réponses.

1. Nous faisons une longue promenade.

2. Vous ne seriez pas là ce soir?

3. Je suis fatigué, mais je ne suis pas malade.

4. Ne te demandes-tu pas pourquoi il se lève de si bonne heure?

5. Ils ne savent rien et ne comprennent rien.

6. C'est justement ce que je disais.

7. Mois, je ne vois pas de table libre.

8. Il ne le mettra pas sur votre bureau.

9. Ne le prenez pas avant de le faire peser.

10. Est-ce que vous l'appeliez quand je suis venue?

11. Que demande-t-elle maintenant?

12. Venez tout de suite voir ce qui se passe.

13. Est-ce que je t'ai dit ça, moi?

14. Il te parlera quand tu seras là.

15. Celui qui regarde le journal est le facteur.

16. Pourquoi ne veux-tu pas me le dire?

17. Qui pourra me reprocher de ne plus le revoir?

18. Un vieil ami de mon père me demandait la date.

19. Est-ce que tu le recommenceras?

20. Vous ne voulez pas me revoir samedi avant que je ne parte?

21. Qu'est-ce qu'elle se prépare à manger?

22. À quelle heure est-ce que le spectacle commence?

23. Tu ne vas pas chez le médecin avec moi?

24. À demain, tout le monde.

25. Il sera ici ce soir avec le chien.

26. Il ne tiendra jamais cette promesse.

27. Après avoir fini de le regarder, jetons-le au chien.

28. Nous ferons nos devoirs mercredi après le film.

29. Il a honte de ne pas avoir appelé le garçon.

30. Nous avons cherché le professeur pour lui demander d'expliquer une leçon difficile.

31. Amèneriez-vous le petit du voisin au match de football vendredi soir et lui achèteriez-vous des frites, si vous aviez le temps?

32. Je regrette qu'il ne se lève jamais avant neuf heures et demie.

Exercice 5 Dans les vers suivants, tirés de «Sa Fosse est fermée» par Stéphane Mallarmé, soulignez les [ə] obligatoires et barrez ceux qui sont facultatifs dans la poésie. Soyez prêt à justifier vos réponses.

> À notre maison blanche, où chante l'hirondelle
> Dans un bois verdoyant, vous viendrez, disait-elle
> Nous cueillerons les fleurs que cachent les grands blés,
> Le soleil qui les dore a fait mes pieds ailés,
> Et le soir, au foyer où chaque cœur s'épanche,
> Nous ferons pour ma mère une couronne blanche...

Exercice 6   Dans le poème «Vendanges» par Paul Verlaine, soulignez les [ə] obligatoires et barrez ceux qui sont facultatifs dans la poésie. Soyez prêt à justifier vos réponses.

> Les choses qui chantent dans la tête
> Alors que la mémoire est absente,
> Écoutez, c'est notre sang qui chante…
> Ô musique lointaine et discrète!
>
> Écoutez! c'est notre sang qui pleure
> Alors que notre âme s'est enfuie,
> D'une voix jusqu'alors inouïe
> Et qui va se taire tout à l'heure.
>
> Frère du sang de la vigne rose,
> Frère du vin de la veine noire,
> Ô vin, ô sang, c'est l'apothéose!
>
> Chantez, pleurez! Chassez la mémoire
> Et chassez l'âme, et jusqu'aux ténèbres
> Magnétisez nos pauvres vertèbres.

Exercice 7   Dans le poème «Vers dorés» par Gérard de Nerval, soulignez les [ə] obligatoires et barrez ceux qui sont facultatifs dans la poésie. Soyez prêt à justifier vos réponses.

> Homme, libre-penseur! te crois-tu seul pensant
> Dans ce monde où la vie éclate en toute chose?
> Des forces que tu tiens ta liberté dispose,
> Mais de tous tes conseils l'univers est absent.
>
> Respecte dans la bête un esprit agissant:
> Chaque fleur est une âme à la Nature éclose;
> Un mystère d'amour dans le métal repose;
> «Tout est sensible!» Et tout sur ton être est puissant.
>
> Crains, dans le mur aveugle, un regard qui t'épie:
> À la matière même un verbe est attaché…
> Ne la fais pas servir à quelque usage impie!
>
> Souvent dans l'être obscur habite un Dieu caché;
> Et comme un œil naissant couvert par ses paupières,
> Un pur esprit s'accroît sous l'écorce des pierres!

Exercice 8 Dans le passage suivant, tiré de *Thérèse Desqueyroux* par François Mauriac, soulignez les [ə] obligatoires et barrez ceux qui sont facultatifs dans la langue standard. Soyez prêt à justifier vos réponses.

Argelouse est réellement une extrémité de la terre; un de ces lieux au-delà desquels il est impossible d'avancer, ce qu'on appelle ici un quartier; quelques métairies sans église, ni mairie, ni cimetière, disséminées autour d'un champ de seigle, à dix kilomètres du bourg de Saint-Clair, auquel les relie une seule route défoncée. Ce chemin plein d'ornières et de trous se mue, au-delà d'Argelouse, en sentiers sablonneux; et jusqu'à l'Océan il n'y a plus rien que quatre-vingts kilomètres de marécages, de lagunes, de pins grêles, de landes où à la fin de l'hiver les brebis ont la couleur de la cendre. Les meilleures familles de Saint-Clair sont issues de ce quartier perdu. Vers le milieu du dernier siècle, alors que la résine et le bois commencèrent d'ajouter aux maigres ressources qu'ils tiraient de leurs troupeaux, les grands-pères de ceux qui vivent aujourd'hui s'établirent à Saint-Clair, et leurs logis d'Argelouse devinrent des métairies. Les poutres sculptées de l'auvent, parfois une cheminée en marbre témoignent de leur ancienne dignité. Elles se tassent un peu plus chaque année et la grande aile fatiguée d'un de leurs toits touche presque la terre.

Exercice 9 Dans le passage suivant, tiré de *Thérèse Desqueyroux* par François Mauriac, soulignez les [ɔ] obligatoires et barrez ceux qui sont facultatifs dans la langue standard. Soyez prêt à justifier vos réponses.

La dernière nuit d'octobre, un vent furieux, venu de l'Atlantique, tourmenta longuement les cimes, et Thérèse, dans un demi-sommeil, demeurait attentive à ce bruit de l'Océan. Mais au petit jour, ce ne fut pas la même plainte qui l'éveilla. Elle poussa les volets, et la chambre demeura sombre; une pluie menue, serrée, ruisselait sur les tuiles des communs, sur les feuilles encore épaisses des chênes. Bernard ne sortit pas, ce jour-là. Thérèse fumait, jetait sa cigarette, allait sur le palier, et entendait son mari errer d'une pièce à l'autre au rez-de-chaussée; une odeur de pipe s'insinua jusque dans la chambre, domina celle du tabac blond de Thérèse, et elle reconnut l'odeur de son ancienne vie. Le premier jour de mauvais temps... Combien devrait-elle en vivre au coin de cette cheminée où le feu mourait? Dans les angles la moisissure détachait le papier. Aux murs, la trace demeurait encore des portraits anciens qu'avait pris Bernard pour en orner le salon de Saint-Clair — et les clous rouillés qui ne soutenaient plus rien. Sur la cheminée, dans un triple cadre de fausse écaille, des photographies étaient pâles comme si les morts qu'elles représentaient y fussent morts une seconde fois: le père de Bernard, sa grand-mère, Bernard lui-même coiffé «en enfant d'Édouard». Tout ce jour à vivre encore, dans cette chambre; et puis ces semaines, ces mois...

Exercices oraux (cassette 8A et 8B)

Exercice 1   Répétez les paires données dans l'exercice écrit 2, en faisant bien attention aux *e muets*.

Exercice 2   Répétez les phrases de l'exercice écrit 3, en faisant bien attention aux *e muets*.

Exercice 3   Répétez les phrases de l'exercice écrit 4, en faisant bien attention aux *e muets*.

Exercice 4   Répétez les vers de l'exercice écrit 5, en faisant bien attention aux *e muets*.

Exercice 5   Répétez le poème «Vendanges», donné dans l'exercice écrit 6, en faisant bien attention aux *e muets*.

Exercice 6   Répétez le passage de l'exercice écrit 8, en faisant bien attention aux *e muets*.

Exercice 7   Répétez le passage de l'exercice écrit 9, en faisant bien attention aux *e muets*.

Lectures supplémentaires (*e muet*)

Voir bibliographie.

Clé à l'exercice de discrimination

Page 141

	[e]	[ɛ]	[ə]	
1.	X			réalise
2.			X	jetons
3.	X			féroce
4.		X		appelle
5.			X	refroidir
6.		X		amène
7.		X		bêtise
8.	X			méchant
9.			X	religion
10.		X		fier

	[e]	[ɛ]	[ə]	
11.			X	demi-tour
12.	X			répond
13.		X		chêne
14.			X	dessus
15.		X		restaurant
16.	X			déployons
17.			X	venir
18.	X			guérir

Chapitre 6

Les Semi-voyelles

On appelle les trois sons [j], [ɥ] et [w] semi-voyelles (ou semi-consonnes) parce qu'ils sont plus fermés que les voyelles mais le passage par lequel l'air sort n'est ni obstrué ni aussi étroitement fermé que pour les consonnes. Chaque semi-voyelle correspond à une voyelle très fermée, par rapport à laquelle elle s'articule encore plus fermée. Donc [j] correspond à [i], [ɥ] à [y] et [w] à [u]. De ces trois semi-voyelles, seules [j] et [w] existent en anglais.

Orthographe

Dans la langue écrite, les semi-voyelles sont représentées par les mêmes lettres que les voyelles correspondantes. En général, une voyelle, écrite et prononcée, suit la semi-voyelle.

i, y:	s*i* [si], *Y*ves [iv]	prem*i*er [prə mje], *y*eux [jø]
u:	b*u* [by]	l*u*i [lɥi]
ou:	t*ou*t [tu]	L*ou*is [lwi]

On trouve aussi le son [w] dans les combinaisons *oi, oï, oy* et parfois *oe, oê,* et dans les mots empruntés à l'anglais contenant la lettre *w*:

l*oi* [lwa]	c*oi*n [kwɛ̃]	b*oî*te [bwat]	v*oy*elle [vwa jɛl]
m*oe*lle [mwal]	p*oê*le [pwal]	*w*hisky [wi ski]	
*w*eek-end [wi kɛnd]			

Les lettres *il* et *ill* se prononcent parfois [j]: a*il* [aj], ve*ill*e [vɛj].

Articulation

On décrit les semi-voyelles selon les quatre critères employés dans la description de l'articulation des voyelles. Ainsi

[j] (appelé «yod») est antérieure, écartée, orale comme [i], mais plus fermée

[ɥ] est antérieure, arrondie, orale comme [y], mais plus fermée

[w] est postérieure, arrondie, orale comme [u], mais plus fermée

Étudiez l'articulation des semi-voyelles par rapport aux voyelles orales au tableau 6.1.

EMPLOI DES SEMI-VOYELLES

On trouve les semi-voyelles dans quatre contextes.

1. Quand, dans une syllabe, la lettre *i, y, u* ou *ou* (qui représente normalement une voyelle très fermée) est suivie d'un son vocalique, on prononce une semi-voyelle suivie d'une voyelle (parce qu'une syllabe ne peut contenir qu'une voyelle). Ainsi, *i* ou *y* plus une voyelle se prononce [j] + voyelle:

liant [ljɑ̃]   rions [rjɔ̃]   riez [rje]   ayant [ɛ jɑ̃]   hier [jɛr]

u plus une voyelle se prononce [ɥ] + voyelle:

tuant [tɥɑ̃]   tuons [tɥɔ̃]   tué [tɥe]   ennui [ɑ̃ nɥi]
lueur [lɥœr]

ou plus une voyelle se prononce [w] + voyelle:

louant [lwɑ̃]   jouons [ʒwɔ̃]   nouer [nwe]   oui [wi]
ouest [wɛst]

Exception: Si cette combinaison (*i, y, u* ou *ou* plus une voyelle) est précédée d'un groupe consonantique dont le premier élément est [p], [t], [k], [b], [d] ou [g] (une consonne occlusive) ou [f] et le deuxième [r] ou [l] (une consonne liquide), on prononce deux syllabes et deux voyelles (évitant ainsi la combinaison de deux consonnes et une semi-voyelle):

rier [rje] *mais* crier [kri e] *ou* [kri je], trier [tri e] *ou* [tri je]

lier [lje] *mais* plier [pli e] *ou* [pli je]

rouer [rwe] *mais* trouer [tru e]

ruelle [rɥɛl] *mais* cruel [kry ɛl]

Tableau 6.1 L'articulation des voyelles orales et des semi-voyelles

Position de la langue	Antérieure		Postérieure	
Position des lèvres	Écartées	Arrondies	Écartées	Arrondies
Série	*1*	*2*		*3*
Aperture de la bouche				
————	j	ɥ		w
Très fermée	i	y		u
Fermée	e	ø		o
		ə		
Ouverte	ɛ	œ		ɔ
Très ouverte	a		(ɑ)	

        luette [lɥɛt] *mais* bluet [bly ɛ]

        riant [rjɑ̃] *mais* friand [fri jɑ̃]

    Mais les mots suivants sont monosyllabiques, car la combinaison occlusive ou [f] + liquide + [ɥ] + [i] est possible:

        pluie [plɥi]   truite [trɥit]   bruit [brɥi]   bruine [brɥin]

        bruire [brɥir]   druide [drɥid]   fruit [frɥi]

Exception: Le mot «truisme» se prononce [try ism].

    Emploi du tréma: Dans certains mots on indique par écrit la division syllabique entre deux voyelles en mettant un tréma sur la deuxième voyelle. Les deux voyelles sont alors prononcées et elles se trouvent dans des syllabes différentes. Sans tréma, les combinaisons de ces voyelles écrites produisent soit une seule voyelle prononcée soit une semi-voyelle plus une voyelle. Comparez:

mais [mɛ]	maïs [ma is]
nœud [nø]	Noël [nɔ ɛl]
air [ɛr]	haïr [a ir]
mois [mwa]	Moïse [mɔ iz]
coin [kwɛ̃]	coïncidence [kɔ ɛ̃ si dɑ̃s]
goitre [gwatr]	égoïste [e gɔ ist]

    Dans la combinaison écrite *gu,* on emploie le tréma sur la voyelle qui suit pour indiquer que la lettre *u* donne lieu à un son et n'est donc pas seulement une lettre muette ajoutée à *g* pour assurer qu'il se prononce [g] (voir chapitre 7):

ligue [lig]   ambiguë [ɑ̃ bi gy]   ambiguïté [ɑ̃ bi gɥi te]

2. Certaines combinaisons de lettres (*oi, oî, oy* et *oe, oê* devant une consonne) produisent toujours le son [w]:

moi [mwa]   roi [rwɑ]   loin [lwɛ̃]   boîtier [bwa tje]

voyage [vwa jaʒ]   moelleux [mwa lø]   poêle [pwal]

La lettre *w* dans les mots empruntés à l'anglais se prononce [w]:

sandwich [sɑ̃d witʃ]   watt [wat]

3. Quand une voyelle est suivie des lettres *il* à la fin du mot, on prononce cette voyelle suivie de la semi-voyelle [j]:

rail [raj]   détail [de taj]   appareil [a pa rɛj]   orteil [ɔr tɛj]

deuil [dœj]   seuil [sœj]   œil [œj]

4. La combinaison de lettres *ill* précédée d'une consonne prononcée se prononce [ij]:

fille [fij]   fillette [fi jɛt]   pille [pij]   pillage [pi jaʒ]

(Mais à l'intérieur du mot phonétique, [j] après [i] tend à disparaître devant une consonne: la fille de mon frère [la fid mɔ̃ frɛr].) La combinaison de lettres *ill* précédée d'une voyelle se prononce [j]:

travaille [tra vaj]   travaillons [tra va jɔ̃]   bouteille [bu tɛj]

embouteillage [ɑ̃ bu tɛ jaʒ]   feuille [fœj]   feuillet [fœ jɛ]

mouille [muj]   mouiller [mu je]

Exceptions: Dans les mots «mille», «ville» et «tranquille», ainsi que dans tous les mots dérivés de ceux-ci, *ill* se prononce [il].

mille [mil]   millefeuille [mil fœj]   millénaire [mi le nɛr]

ville [vil]   village [vi laʒ]   villa [vi la]

villageois [vi la ʒwa]   tranquille [trɑ̃ kil]

tranquillisant [trɑ̃ ki li zɑ̃]

Le mot «Lille» se prononce [lil].

EXERCICES D'APPLICATION

Exercice de discrimination

Indiquez si les mots que vous entendez contiennent la semi-voyelle [j], la semi-voyelle [ɥ] ou la semi-voyelle [w]. La clé de l'exercice se trouve à la fin de ce chapitre.

	[j]	[ɥ]	[w]			[j]	[ɥ]	[w]
1.	___	___	___		10.	___	___	___
2.	___	___	___		11.	___	___	___
3.	___	___	___		12.	___	___	___
4.	___	___	___		13.	___	___	___
5.	___	___	___		14.	___	___	___
6.	___	___	___		15.	___	___	___
7.	___	___	___		16.	___	___	___
8.	___	___	___		17.	___	___	___
9.	___	___	___		18.	___	___	___

Exercices oraux (cassette 9A et 9B)

Exercice 1   Répétez les mots suivants, qui contiennent la semi-voyelle [j].

piano	chandail	appareil	travaillons
janvier	deuil	rien	adieu
février	seuil	bâille	aria
juillet	ail	accueil	étudiant
feuille	taille	fille	ciel
mouillé	yeux	fillette	

Exercice 2   Répétez les mots suivants, qui contiennent la semi-voyelle [ɥ].

lui	fuir	bruit	en juin
tué	fuite	pluie	accentuée
huit	huile	nuit	depuis
qu'il puisse	truite	je suis	appui

Exercice 3   Répétez les mots suivants, qui contiennent la semi-voyelle [w].

doué	vous croyez	croître	l'oiseau
loué	armoire	trois	le watt
jouer	accessoire	froid	le weekend
foyer	s'asseoir	droit	le western
loyer	abattoir	l'oie	le whisky
aboyer	croire	l'ouest	

Exercice 4   Répétez les mots suivants, qui contiennent un tréma dans la langue écrite.

maïs	Moïse	ambiguë	naïf
Noël	coïncidence	ambiguïté	aiguë
Joëlle	égoïste	astéroïde	canoë
haïr			

Exercice 5   Répétez les phrases suivantes, en faisant bien attention aux semi-voyelles.

1. Tant qu'il y a de la vie, il y a de l'espoir. (proverbe)
2. Il faut garder une poire pour la soif. (expression idiomatique)
3. Chien qui aboie ne mord pas. (expression idiomatique)
4. Le monde appartient à celui qui se lève tôt. (proverbe)
5. Charbonnier est maître chez lui. (proverbe)
6. Rien ne vaut son chez soi. (proverbe)
7. Le travailleur a failli se mouiller dans son village.
8. La fille met des feuilles dans de l'eau bouillante.
9. La femme dans le fauteuil est en deuil; elle a perdu sa famille à Marseille.
10. Les jumelles collectionnent des papillons, des mille-pattes, et des chenilles.
11. La veille de Noël, les villageois fêtent le réveillon.
12. Il faut que vous alliez chez Mireille: elle sait préparer les millefeuilles.
13. Les enfants ont cueilli des cailloux pour les jeter à la vieille.
14. En avril, une abeille a piqué un gorille au zoo de Lille.
15. Depuis janvier, leur acceuil est moins chaleureux.
16. Elle ne pense plus à rien si ce n'est à lui.
17. Ce weekend on va louer un bateau et on va aller à la pêche à la truite.
18. Il faut que tu veuilles réussir et que tu sois fier de ton travail.
19. Attention à ne pas mouiller mon appareil de photo dans le ruisseau!
20. Ne bâille pas autant, tu me donnes sommeil!
21. Trois fois, mon œil! Je dirais plutôt mille fois!
22. Le petit chien aboie sous la pluie.
23. Il va en ville acheter une bouteille de vin.
24. Donne-moi une feuille de papier, s'il te plaît.
25. Une bruine fine est tombée pendant la nuit.

Exercice 6   Répétez le poème «Je n'ai pas oublié, voisine de la ville...» par Charles Baudelaire, en faisant bien attention aux semi-voyelles.

Je n'ai pas oublié, voisine de la ville,
Notre blanche maison, petite mais tranquille;
Sa Pomone de plâtre et sa vieille Vénus
Dans un bosquet chétif cachant leurs membres nus,
Et le soleil, le soir, ruisselant et superbe,
Qui, derrière la vitre où se brisait sa gerbe,
Semblait, grand œil ouvert dans le ciel curieux,
Contempler nos dîners longs et silencieux,
Répandant largement ses beaux reflets de cierge
Sur la nappe frugale et les rideaux de serge.

Exercice 7   Répétez le poème «Les Plaintes d'un Icare» par Charles Baudelaire, en faisant bien attention aux semi-voyelles.

Les amants des prostituées
Sont heureux, dispos et repus;
Quant à moi, mes bras sont rompus
Pour avoir étreint des nuées.

C'est grâce aux astres nonpareils,
Qui tout au fond du ciel flamboient,
Que mes yeux consumés ne voient
Que des souvenirs de soleils.

En vain j'ai voulu de l'espace
Trouver la fin et le milieu;
Sous je ne sais quel œil de feu
Je sens mon aile qui se casse;

Et brûlé par l'amour du beau,
Je n'aurai pas l'honneur sublime
De donner mon nom à l'abîme
Qui me servira de tombeau.

Exercice 8   Répétez le passage suivant, tiré de *L'Exil* par Albert Camus, en faisant bien attention aux semi-voyelles.

Que le désert est silencieux! La nuit déjà et je suis seul, j'ai soif. Attendre encore, où est la ville, ces bruits au loin, et les soldats peut-être vainqueurs, non il ne faut pas, même si les soldats sont vainqueurs, ils ne sont pas assez méchants, ils ne sauront pas régner, ils diront

encore qu'il faut devenir meilleur, et toujours encore des millions
d'hommes entre le mal et le bien, déchirés, interdits, ô fétiche pourquoi
m'as-tu abandonné? Tout est fini, j'ai soif, mon corps brûle, la nuit
obscure emplit mes yeux.

Exercice 9   Répétez le passage suivant, tiré de *La Dormeuse* par Stéphane
Mallarmé, en faisant bien attention aux semi-voyelles.

À minuit, au mois de juin, je suis sous la lune mystique: une vapeur
opiacée, obscure, humide s'exhale hors de son contour d'or et,
doucement se distillant, goutte à goutte, sur le tranquille sommet de la
montagne, glisse, avec assoupissement et musique, parmi l'univer-
selle vallée. Le romarin salue la tombe, le lys flotte sur la vague,
enveloppant de brume son sein, la ruine se tasse dans le repos:
comparable au Léthé voyez! le lac semble goûter un sommeil
conscient et, pour le monde ne s'éveillerait. Toute Beauté dort: et
repose, sa croisée ouverte au ciel, Irène avec ses Destinées!

Exercices écrits

Exercice 1   Écrivez le passage qui correspond aux symboles
phonétiques suivants. Suivez la ponctuation donnée.

   1. [si le ve ri te krɥɛl], [le fɑ ʃøz de ku vɛrt],
   2. [le sə krɛ də la sɔ sje te],
   3. [ki kɔ̃ poz la sjɑ̃s dœ̃ nɔm dy mɔ̃d par və ny a lɑʒ də ka rɑ̃ tɑ̃],
   4. [a vɛ te te kɔ ny də sə mɛ mɔm],
   5. [a lɑʒ də vɛ̃],
   6. [u il fy tɔ̃ be dɑ̃ lə de zɛ spwar],
   7. [u il sə sə rɛ kɔ rɔ̃ py],
   8. [par lɥi mɛm], [par prɔ ʒɛ];
   9. [e sə pɑ̃ dɑ̃ ɔ̃ vwa œ̃ pə ti nɔ̃ brə dɔm saʒ],
  10. [par və ny a sɛ tɑʒ la],
  11. [ɛ̃ strɥi də tut se ʃoz e trɛ ze klɛ re],
  12. [nɛ trə ni kɔ rɔ̃ py], [ni ma lø rø].
  13. [la pry dɑ̃s di riʒ lœr vɛr ty]
  14. [a tra vɛr la kɔ ryp sjɔ̃ py blik];
  15. [e la fɔrs də lœr ka rak tɛr],
  16. [ʒwɛ̃ to ly mjɛr dœ̃ nɛ spri e tɑ̃ dy],
  17. [le ze lɛ vo də sy dy ʃa grɛ̃ kɛ̃ spir la pɛr vɛr si te de zɔm].

                                              Chamfort, *Maximes Générales*

Exercice 2 Écrivez le passage qui correspond aux symboles phonétiques suivants. Suivez la ponctuation donnée.

1. [kɑ̃ ʒe tɛ ʒœn],
2. [ɛ jɑ̃ le bə zwɛ̃ de pa sjɔ̃ e a ti re pa rɛl dɑ̃ lə mɔ̃d],
3. [fɔr se də ʃɛr ʃe dɑ̃ la sɔ sje te e dɑ̃ le plɛ zir kɛl kə di strak sjɔ̃ a de pɛn krɥɛ̃l],
4. [ɔ̃ mə prɛ ʃɛ la mur də la rə trɛt], [dy tra vaj],
5. [e ɔ̃ ma sɔ mɛ də sɛr mɔ̃ pe dɑ̃ tɛsk syr sə sy ʒɛ].
6. [a ri ve a ka rɑ̃ tɑ̃],
7. [ɛ jɑ̃ pɛr dy le pa sjɔ̃ ki rɑ̃d la sɔ sje te sy pɔr tabl],
8. [nɑ̃ vwa jɑ̃ ply kə la mi zɛ re la fy ti li te],
9. [nɛ jɑ̃ ply bə zwɛ̃ dy mɔ̃d pu re ʃa pe a də pɛn ki nɛg zi stɛ ply],
10. [lə gu də la rə trɛ te dy tra va jɛ də və ny vif ʃe mwa],
11. [e a rɑ̃ pla se tu lə rɛst].
12. [ʒe sɛ se da le dɑ̃ lə mɔ̃d].
13. [a lɔr], [ɔ̃ na sɛ se də mə tur mɑ̃ te pur kə ʒi rə vɛ̃s*].
14. [ʒe e te a ky ze dɛ trə mi zɑ̃ trɔp], [ɛt se te ra].
15. [kə kɔ̃ klyɾ də sɛt bi zar di fe rɑ̃s]?
16. [lə bɔ zwɛ̃ kə le zɔ mɔ̃ də tu blɑ me].

Chamfort, *Maximes et Pensées*

Exercice 3 Transcrivez les mots de l'exercice oral 1 à l'aide de symboles phonétiques.

Exercice 4 Transcrivez les mots de l'exercice oral 2 à l'aide de symboles phonétiques.

Exercice 5 Transcrivez les mots de l'exercice oral 3 à l'aide de symboles phonétiques.

Exercice 6 Transcrivez les mots de l'exercice oral 4 à l'aide de symboles phonétiques.

Exercice 7 Transcrivez les phrases de l'exercice oral 5 à l'aide de symboles phonétiques.

---

*Forme verbale à l'imparfait du subjonctif

Exercice 8 Transcrivez le poème «Je n'ai pas oublié, voisine de la ville...», donné dans l'exercice oral 6, à l'aide de symboles phonétiques.

Exercice 9 Transcrivez le poème «Les Plaintes d'un Icare», donné dans l'exercice oral 7, à l'aide de symboles phonétiques.

Exercice 10 Transcrivez le passage de l'exercice oral 8 à l'aide de symboles phonétiques.

Exercice 11 Transcrivez le passage de l'exercice oral 9 à l'aide de symboles phonétiques.

Lectures supplémentaires (semi-voyelles)

Voir bibliographie.

Clé à l'exercice de discrimination

Page 159

	[j]	[ɥ]	[w]	
1.	X			meilleur
2.			X	oui
3.	X			orgueil
4.		X		juin
5.			X	jouer
6.		X		minuit
7.	X			bâille
8.	X			curieux
9.		X		nuée
10.			X	oiseau
11.			X	doué
12.	X			vierge
13.		X		ruine
14.			X	croire
15.		X		huile
16.	X			vieux
17.			X	armoire
18.		X		tuer

Troisième Partie

LES
CONSONNES

Étude des consonnes

INTRODUCTION

Dans la production des sons appelés consonnes, les organes articulatoires de la cavité buccale se rapprochent pour former un obstacle — parfois complet, parfois partiel — à l'air venant des poumons. Cet obstacle peut arrêter complètement le passage de l'air, comme le font les deux lèvres dans l'articulation de la consonne [p], ou resserrer le passage de l'air si étroitement — sans toutefois le fermer — que l'air sort bruyamment, comme c'est le cas pour l'obstacle formé par les dents supérieures et la lèvre inférieure dans la prononciation de la consonne [f]. Rappelez-vous que dans la production des voyelles et des semi-voyelles, le passage de l'air par la cavité buccale est ininterrompu.

On décrit l'articulation des consonnes à l'aide des trois paramètres suivants.

Sonorité

Une consonne est *sonore* (voisée) si les cordes vocales vibrent, *sourde* (non-voisée) si les cordes vocales ne vibrent pas. Pour sentir si les cordes vocales vibrent ou non, faites l'expérience suivante. Mettez la main sur la pomme d'Adam et prononcez la voyelle [a]. La vibration que vous sentez vient des cordes vocales. (Toutes les voyelles sont sonores.) Maintenant, effectuez la même expérience d'abord avec la consonne [b] et ensuite avec la consonne [p]. Vous sentez une vibration pour [b], qui est sonore, mais pas pour [p], qui est sourde. Il existe des paires sourde/sonore: [p] / [b], [t] / [d], [k] / [g], [f] / [v], [s] / [z], [ʃ] / [ʒ]. Cela veut dire que l'articulation des deux membres de chacune de ces paires est pareille, la seule différence étant que le premier son est sourd et le deuxième sonore. Les consonnes [m], [n], [ɲ], [ŋ], [l] et [r] sont sonores.

Manière d'articulation

On divise les consonnes en quatre groupes selon la manière d'articulation. Dans l'articulation des consonnes *occlusives* (ou *explosives*) — [p], [b], [t], [d], [k] et [g] — le passage de l'air se ferme complètement pendant un moment et puis se rouvre pour permettre d'achever la production de la consonne. Pour les *fricatives* (ou *constrictives*) — [f], [v], [s], [z], [ʃ], [ʒ] et [r] — il se produit dans la bouche une constriction qui entraîne une friction au passage de l'air. On appelle les consonnes [l] et [r] des *liquides* à cause de leur capacité (presque vocalique) de se joindre à d'autres consonnes pour former des groupes consonantiques acceptables en début de syllabe comme [bl], [br], [pl] et [pr]. (Voir chapitre 2 pour la liste de ces groupes consonantiques.) La consonne [l] s'appelle aussi *latérale* parce que lorsqu'on la prononce, l'air s'échappe des deux côtés de la langue (tandis que pour les autres consonnes, l'air sort par un canal médian). Les occlusives, les fricatives et les liquides sont des consonnes orales; c'est-à-dire que pour ces sons, le palais mou empêche le passage de l'air dans la cavité nasale, forçant ainsi l'air à sortir uniquement par la bouche. Les consonnes [m], [n], [ɲ] et [ŋ] sont *nasales*. Quand on les prononce, tout comme les voyelles nasales, l'air passe par le nez aussi bien que par la bouche.

Lieu d'articulation

On décrit les consonnes également par le lieu d'articulation, c'est-à-dire, le point où un organe articulatoire de la mâchoire inférieure (la lèvre inférieure, les dents inférieures ou la langue) se rapproche d'un des organes de la mâchoire supérieure. Le contact ou la constriction peut avoir lieu en cinq points des organes articulatoires supérieurs: la *lèvre supérieure,* les *dents supérieures,* les *alvéoles,* le *palais dur* ou le *vélum.* (Voir figure 1.1.) Les consonnes [p], [b] et [m], qui se forment par le contact des deux lèvres, sont *bilabiales.* Les consonnes [f] et [v] s'articulent au point de rencontre de la lèvre inférieure et des dents supérieures et s'appellent donc *labiodentales.* Les consonnes [t], [d], [n] et [l] sont *dentales:* elles s'articulent avec la pointe de la langue contre les dents supérieures. Les consonnes [s] et [z] sont *alvéolaires:* la pointe de la langue est alors située au niveau des alvéoles. Les consonnes *palatales,* [ɲ], [ʃ] et [ʒ], mettent en jeu la partie antérieure de la langue et le palais dur. Les consonnes *vélaires* enfin, [k], [g], [ŋ] et [r], sont produites avec le dos de la langue contre le palais mou

Tableau 7.1 **L'articulation des consonnes françaises**

Manière d'articulation	Sonorité	Lieu d'articulation					
		Bilabiale	Labio-dentale	Dentale	Alvéolaire	Palatale	Vélaire
Occlusives	Sourdes	[p]		[t]			[k]
	Sonores	[b]		[d]			[g]
Fricatives	Sourdes		[f]		[s]	[ʃ]	
	Sonores		[v]		[z]	[ʒ]	[r]
Liquides	Sonores			[l]			[r]
Nasales	Sonores	[m]		[n]		[ɲ]	[ŋ]

(le vélum). Le tableau 7.1 résume le lieu d'articulation des consonnes, ainsi que leur sonorité et la manière d'articulation.

Consonnes françaises comparées aux consonnes anglaises

La plupart des consonnes en français ressemblent beaucoup aux consonnes «équivalentes» en anglais dans leur prononciation et dans leur rapport avec l'orthographe. Par exemple, la production du [p] français est similaire à celle du [p] anglais, et tous deux correspondent à la lettre *p*. Il existe quand même des différences générales entre les consonnes françaises et anglaises. D'abord, on peut constater que comme pour les voyelles, il y a *plus de tension musculaire* dans la production des consonnes françaises que dans celle de leurs équivalents en anglais. Cela veut dire que les organes de la parole gardent leur position pendant toute l'articulation de la consonne, et que les mouvements articulatoires mis en œuvre pour former et détendre les consonnes en français sont plus rapides que ceux qui caractérisent les consonnes en anglais. Trois autres facteurs tendent à distinguer les consonnes françaises des consonnes anglaises.

Absence d'aspiration initiale

Les consonnes qui se trouvent au début du mot, surtout les occlusives sourdes ([p], [t] et [k]), sont aspirées en anglais (c'est-à-dire qu'un peu d'air les accompagne), mais ne le sont nullement en français. Vous pouvez percevoir cette aspiration en anglais au moyen de l'expérience suivante. Tenez un petit bout de papier juste devant vos lèvres; vous remarquerez qu'un souffle le pousse quand vous prononcez le mot «papa» en anglais. Maintenant, effectuez la même expérience avec le mot français «papa». Cette fois-ci il ne doit pas y avoir d'aspiration et le papier ne doit pas bouger.

Antériorité

Comme pour la plupart des voyelles, le lieu d'articulation de la plupart des consonnes est plus antérieur en français qu'en anglais. Les consonnes [t], [d], [n] et [l] sont dentales en français — la pointe de la langue touche les dents supérieures. En anglais ces consonnes sont alvéolaires — la pointe de la langue touche les alvéoles, derrière les dents supérieures. Les consonnes [s], [z], [ʃ] et [ʒ] sont aussi légèrement plus antérieures en français qu'en anglais.

Détente finale

En français, on doit détendre complètement les consonnes prononcées à la fin des mots isolés ou des groupes rythmiques, c'est-à-dire qu'on doit rompre le contact articulatoire et rouvrir la bouche. Cette détente est obligatoire après les occlusives et facultative (mais usuelle) après les autres consonnes. En anglais, par contre, on a tendance à laisser la bouche fermée après la prononciation des consonnes qui se trouvent à la fin de l'énoncé et donc à "manger" d'une certaine manière la fin du son consonantique. Comparez les consonnes finales des mots suivants. Dans les mots anglais, on n'est pas obligé de rompre le contact articulatoire de la dernière consonne, tandis que dans les mots français il faut détendre la consonne.

français	*anglais*
soupe	soup
tube	tube
dette	debt
mode	mud
bonne	bun
maximum	maximum
pile	peel

Il reste à noter un dernier phénomène concernant les consonnes (françaises et anglaises), celui de l'*assimilation de sonorité*. Quelquefois, une consonne sonore s'assourdit au contact d'une consonne sourde. Ainsi [b] se prononce [p] presque toujours dans les combinaisons *bs* et *bt* (la liste des mots contenant *bs* est très longue):

absent [ap sɑ̃]   absolu [ap sɔ ly]   observation [op sɛr va sjɔ̃]

s'abstenir [sap stə nir]   obtenir [ɔp tə nir]   obtus [ɔp ty]

Exception: Le mot «subsister» [syb zi ste], où le son représenté par la lettre *s* est aussi sonore, [z].

Notez aussi l'assourdissement du son [d] dans le mot «médecin» [mɛt sɛ̃]. Dans d'autres mots, une consonne sourde se sonorise au contact d'une consonne sonore ou entre deux voyelles (sonores, par définition). On rencontre cette sonorisation le plus fréquemment dans des mots contenant la combinaison [ks], représentée par la lettre *x*, qui se prononce presque toujours [gz] entre voyelles.

examen [ɛg za mɛ̃]   exode [ɛg zɔd]   exigeant [ɛg zi ʒɑ̃]

Comparez: expliquer [ɛk spli ke].

Notez la prononciation des mots «seconde» [sə gɔ̃d] et «anecdote» [a nɛg dɔt]. On voit l'assimilation de sonorité aussi dans des expressions telles que

on se dit bonjour [ɔ̃z di bɔ̃ ʒur]

sac de couchage [sag də ku ʃaʒ]

EXERCICES D'APPLICATION

Exercices oraux (cassette 10A)

Exercice 1   Répétez les phrases suivantes, en faisant bien attention à ne pas aspirer la consonne initiale.

1. Pierre part pour Paris au printemps.
2. Le président parle des partis politiques au Parlement.
3. Thierry est très têtu mais toi, tu es trop timide.
4. Thomas est tenté d'entamer la tarte.
5. Quelle qualité de café Caroline croit-elle acquérir?
6. Quand est-ce que Christian comprendra la question?

Exercice 2   Répétez les phrases suivantes, en faisant bien attention à prononcer les consonnes dentales.

1. Alice a lancé la balle à Lucien.
2. Les allumeurs ont allumé les lampes à Londres.

3. Notre nièce Nicole nage au nord de Nantes.

4. Nous n'aimons pas la nationalité du narrateur.

5. Daniel a demandé au dentiste de déménager.

6. Denise a décidé de déchirer les documents.

7. Didon dîna dit-on du dos dodu d'un dindon.

8. Tonton, ton thé t'a-t-il ôté ta toux?

9. Toto est tout le temps en train de se tâter la tête.

Exercice 3   Répétez les phrases suivantes, en faisant bien attention à la détente des consonnes à la fin de la phrase.

1. Françoise est très intelligente.

2. C'est une jeune Américaine.

3. Michel et Louise attendent le car à Arles.

4. Tout le monde quitte la ville.

5. Diane a vu une soucoupe volante.

6. J'ai perdu le fil.

7. Préparez-le avec de l'huile.

8. Il a lancé la balle.

9. Elle est complètement folle.

10. Je vais commander des moules.

11. C'est une vieille femme.

12. On va voir un film.

13. Il habite à Nîmes.

14. Bonjour Messieurs-Dames.

15. Mais oui, je t'aime.

16. J'écris à Anne.

17. Il se promène.

18. Donnez-m'en une.

19. Elle part en automne.

20. Il y a quelqu'un qui sonne.

Exercice 4   Répétez le poème suivant, tiré du «Crépuscule du Matin» par Charles Baudelaire, en faisant bien attention à la détente finale de la consonne [n].

La diane chantait dans les cours des casernes
Et le vent du matin soufflait sur les lanternes.

Exercice 5 Répétez les vers suivants, tirés du poème «Le Voyage» par Charles Baudelaire, en faisant bien attention à la détente des consonnes à la fin des vers.

> Un matin nous partons, le cerveau plein de flamme,
> La cœur gros de rancune et de désirs amers,
> Et nous allons, suivant le rythme de la lame,
> Berçant notre infini sur le fini des mers:
>
> Les uns, joyeux de fuir une patrie infâme;
> D'autres, l'horreur de leurs berceaux, et quelques-uns,
> Astrologues noyés dans les yeux d'une femme,
> La Circé tyrannique aux dangereux parfums.

Exercice 6 Répétez les mots suivants, qui contiennent des exemples de l'assimilation de sonorité.

absent	seconde
absolu	anecdote
absurde	examen
observer	exode
obstacle	exigeant
obscur	existence
obsession	exil
obstiné	exercer
obtenir	exact
substance	exemple
médecin	exultation

Exercice 7 Répétez le poème «Hymne» par Charles Baudelaire, en faisant bien attention à la tension musculaire, au manque d'aspiration et à l'antériorité des consonnes, ainsi qu'à la détente des consonnes à la fin des vers.

> À la très-chère, à la très-belle
> Qui remplit mon cœur de clarté,
> À l'ange, à l'idole immortelle,
> Salut en l'immortalité!
>
> Elle se répand dans ma vie
> Comme un air imprégné de sel,
> Et dans mon âme inassouvie
> Verse le goût de l'éternel.

> Sachet toujours frais qui parfume
> L'atmosphère d'un cher réduit,
> Encensoir oublié qui fume
> En secret à travers la nuit,
>
> Comment, amour incorruptible,
> T'exprimer avec vérité?
> Grain de musc qui gis, invisible,
> Au fond de mon éternité!
>
> À la très-bonne, à la très-belle
> Qui fait ma joie et ma santé,
> À l'ange, à l'idole immortelle,
> Salut en l'immortalité!

Exercices écrits

Exercice 1   Transcrivez les vers de l'exercice oral 4 à l'aide de symboles phonétiques.

Exercice 2   Transcrivez les vers de l'exercice oral 5 à l'aide de symboles phonétiques.

Exercice 3   Transcrivez les mots de l'exercice oral 6 à l'aide de symboles phonétiques.

Exercice 4   Transcrivez le poème «Hymne», donné dans l'exercice oral 7, à l'aide de symboles phonétiques.

ÉTUDE DÉTAILLÉE DES CONSONNES

Les occlusives

	Bilabiales	Dentales	Vélaires
Sourdes	[p]	[t]	[k]
Sonores	[b]	[d]	[g]

Articulation

Dans la prononciation des occlusives sourdes ([p], [t] et [k]), on doit éviter d'aspirer la consonne, comme on le fait en anglais. Quand on prononce les consonnes [t] et [d], on doit de plus faire attention à mettre la pointe de la langue derrière les dents supérieures (ces consonnes sont alvéolaires en anglais). Enfin, quand les sons occlusifs se trouvent dans la position finale du mot ou du mot phonétique, on doit s'efforcer de les détendre complètement.

Orthographe

Les sons représentés par les symboles [p], [t], [b] et [d] correspondent aux lettres alphabétiques homologues, sauf dans les cas d'assimilation ou de liaison (en liaison, on prononce [t] pour la lettre *d*). Notez qu'une consonne double à l'écrit se prononce comme un son unique. Remarquez enfin que la combinaison *th* se prononce [t] puisque la lettre *h* est toujours muette. *Exception:* Dans les mots savants empruntés au grec, la combinaison *th* est muette: asthme [asm], isthme [ism].

porte [pɔrt]   pneu [pnø]   opérer [ɔ pe re]   tel [tɛl]

truc [tryk]   atome [a tom]   bonbon [bɔ̃ bɔ̃]   brune [bryn]

abeille [a bɛj]   dans [dɑ̃]   drogue [drɔg]

admettre [ad mɛtr]   comprend-elle? [kɔ̃ prɑ̃ tɛl]

appeler [ap le]   je jette [ʒə ʒət]   abbé [a be]

addition [a di sjɔ̃]   absurde [ap syrd]   obtenir [ɔp tə nir]

médecin [mɛt sɛ̃]   théologie [te ɔ lɔ ʒi]

esthéthique [ɛ ste tik]   maths [mat]

Plusieurs combinaisons de lettres représentent les sons [k] et [g].

1. On prononce [k] pour les lettres suivantes:

k, ck: kilo [ki lo], Patrick [pa trik]

c, cc devant les sons consonantiques et les lettres *a, o, u:* clown [klun], crime [krim], acclamation [a kla ma sjɔ̃], car [kar], côte [kot], culpabilité [kyl pa bi li tc], accabler [a ka ble], accoster [a kɔ ste], accuser [a ky ze]

qu, cqu: quand [kɑ̃], qui [ki], que [kə], acquitter [a ki te]

ch dans un certain nombre limité de mots (voyez le son [ʃ] ci-dessous): psychologie [psi kɔ lɔ ʒi]

Exceptions: Les lettres *qu* se prononcent [kw] dans quelques mots, par exemple:

aquarium [a kwa rjɔm]   aquarelle [a kwa rɛl]

équateur [e kwa tœr]   équanime [e kwa nim]

quadrangle [kwa drɑ̃gl]   quadrupède [kwa dry pɛd]

Dans quelques autres mots, les lettres *qu* se prononcent [kɥ]:

équidistant [e kɥi di stɑ̃]   équilatéral [e kɥi la te ral]
ubiquité [y bi kɥi te]

La lettre *c* devant *i*, *y*, *e* se prononce [s]. Voir la consonne [s], ci-dessous.
La combinaison *cc* devant *i* ou *e* se prononce [ks]:

Occident [ɔk si dɑ̃]   accent [ak sɑ̃]

2. Le son [g] correspond aux lettres suivantes:

g, gg suivi d'un son consonantique ou de la lettre *a, o* ou *u:* globe
[glɔb], aggraver [a gra ve], garçon [gar sɔ̃], gomme [gɔm], aigu
[e gy]

gu devant *e, i,* et *y:* guerre [gɛr], guitare [gi tar], Guy [gi], fatigue
[fa tig]

Exceptions: La combinaison *gu* se prononce [gɥ] dans quelques mots:

aiguille [e gɥij]   linguiste [lɛ̃ gɥist]   linguistique [lɛ̃ gɥi stik]
ambiguïté [ɑ̃ bi gɥi tə]

Dans quelques autres mots, la combinaison *gu* se prononce [gw]:

iguane [i gwan]   jaguar [ʒa gwar]   lingual [lɛ̃ gwal]
Guadeloupe [gwa də lup]

La lettre *g* suivie de la lettre *e, i* ou *y* se prononce [ʒ]. Voir la consonne
[ʒ], ci-dessous.

3. L'exemple le plus commun de l'*assimilation* de [k] à [g] est
«second» [sə gɔ̃].

4. La lettre *x* à l'intérieur du mot se prononce [gz] entre deux voyelles
et [ks] devant une consonne sourde:

exister [ɛg zi ste]   hexagone [ɛg za gɔn]   excessif [ɛk sɛ sif]
extra [ɛk stra]

Exceptions: La lettre *x* à l'intérieur des mots savants ou étrangers se prononce [ks]:

taxi [tak si]   Mexique [mɛk sik]   Texas [tɛk sas]
lexique [lɛk sik]

On prononce la variante sourde dans les mots dérivés d'un mot avec [ks]:

complexe [kɔ̃ plɛks] / complexité [kɔ̃ plɛk si te]

taxe [taks] / taxer [tak se]

5. À l'initial du mot *x* se prononce [ks]:

xénophobe [kse nɔ fɔb]   xylophone [ksi lɔ fɔn]

Exceptions: Les noms Xavier [gza vje], Xérès [gze rɛs].

6. À la fin du mot la lettre *x* est presque toujours muette, mais dans les mots étrangers elle se prononce [ks]: index [ɛ̃ dɛks]. La lettre *x* suivie de *e* à la fin du mot se prononce aussi [ks]: taxe [taks].

EXERCICES D'APPLICATION

Exercices écrits

Exercice 1   Transcrivez les mots suivants à l'aide de symboles phonétiques.

1. le thé	**11.** le sociopathe	**21.** la bibliothèque
2. le théâtre	**12.** la cathode	**22.** athée
3. la théologie	**13.** la cathédrale	**23.** l'athlétisme
4. Thérèse	**14.** le catholicisme	**24.** l'éther
5. le thermomètre	**15.** les maths	**25.** l'isthme
6. la thèse	**16.** l'asthme	**26.** léthargique
7. la parenthèse	**17.** le Panthéon	**27.** la panthère
8. le thermos	**18.** rythmique	**28.** l'hypothèse
9. Thierry	**19.** la mythologie	**29.** thermonucléaire
10. Catherine	**20.** apathique	**30.** Édith

Exercice 2   Transcrivez les phrases suivantes à l'aide de symboles phonétiques.

1. Vend-on des tomates ou des prunes?

2. Prend-il son parapluie et met-il ses bottes?

3. Attend-elle depuis longtemps?

4. Perd-on son temps au théâtre?

5. Ne comprend-il pas la complexité de la question?

6. Papa donne un baba à bébé. Oh! Le bon baba qu'a donné papa!

Exercice 3   Transcrivez les mots suivants à l'aide de symboles phonétiques. Attention à la prononciation de la lettre *x*.

1. saxophone	**4.** xylophone	**7.** Texas
2. exagération	**5.** télex	**8.** exaspéré
3. exilé	**6.** exécution	**9.** examiner

10. taxi	**13.** exulter	**16.** exercer
11. maximum	**14.** extraordinaire	**17.** extérieur
12. index	**15.** taxe	**18.** exiger

Exercice 4   Transcrivez le poème «Sonnet en Yx» par Stéphane Mallarmé à l'aide de symboles phonétiques.

> Ses purs ongles très haut dédiant leur onyx,
> L'Angoisse, ce minuit, soutient, lampadophore,
> Maint rêve vespéral brûlé par le Phénix
> Que ne recueille pas de cinéraire amphore.
>
> Sur les crédences, au salon vide: nul ptyx,
> Aboli bibelot d'inanité sonore,
> (Car le Maître est allé puiser des pleurs au Styx
> Avec ce seul objet dont le Néant s'honore).
>
> Mais proche la croisée au nord vacante, un or
> Agonise selon peut-être le décor
> Des licornes ruant du feu contre une nixe,
>
> Elle, défunte nue en le miroir, encor
> Que, dans l'oubli fermé par le cadre, se fixe
> De scintillations sitôt le septuor.

Exercices oraux (cassette 10A et 10B)

Exercice 1   Répétez les mots de l'exercice écrit 1, en faisant bien attention à la combinaison de lettres *th*.

Exercice 2   Répétez les phrases de l'exercice écrit 2, en faisant bien attention aux consonnes.

Exercice 3   Répétez les mots de l'exercice écrit 3, en faisant bien attention à la prononciation de la lettre *x*.

Exercice 4   Répétez le poème «Sonnet en Yx», donné dans l'exercice écrit 4, en faisant bien attention aux consonnes.

Les fricatives

	Labiodentales	Alvéolaires	Palatales
Sourdes	[f]	[s]	[ʃ]
Sonores	[v]	[z]	[ʒ]

(Nous discuterons la fricative vélaire [r] avec les liquides, ci-dessous.)

Articulation

Pour toutes les consonnes fricatives, on doit se rappeler de bien détendre le son qui se trouve dans la position finale du mot ou du mot phonétique.

Orthographe

◆ Le son [f] correspond aux lettres *f, ff* et *ph;* le son [v] correspond à la lettre *v* ou *w* dans quelques mots empruntés à l'allemand. N'oubliez pas que la lettre *f* se prononce [v] dans les expressions «neuf ans» et «neuf heures».

fertile [fɛr til]   France [frɑ̃s]   œuf [œf]   effrayer [e frɛ je]

prophétie [prɔ fe si]   lave [lav]   valse [vals]

wagon [va gɔ̃]   neuf ans [nœ vɑ̃]   neuf heures [nœ vœr]

◆ Le son [s] correspond aux lettres suivantes:

s au début du mot (pour les combinaisons *sc, sch* et *sh*, voir ci-dessous): salle [sal], statue [sta ty].

s à la fin du mot (dans les mots où cette lettre est prononcée, cette consonne étant par ailleurs presque toujours muette; voir consonnes finales écrites, ci-dessous): as [as], hélas [e las].

ss intervocalique et *s* suivi ou précédé d'une consonne prononcée à l'intérieur du mot: passe [pas], moustique [mu stik], autopsie [o tɔp si].

s précédé d'une voyelle nasale et suivi d'une voyelle (orale ou nasale): penser [pɑ̃ se], sensible [sɑ̃ sibl], ensemble [ɑ̃ sɑ̃bl]. *Exception:* Le préfixe «trans»: transatlantique [trɑ̃ zat lɑ̃ tik]. (Comparez *s* entre deux voyelles orales, qui se prononce [z]: civilisation [si vi li za sjɔ̃].)

c, sc suivis de la lettre *i* ou *e:* citation [si ta sjɔ̃], trace [tras], science [sjɑ̃s], scène [sɛn]. (Notez que les lettres *sc* suivies de *a, o* ou *u* se prononcent [sk]: scandale [skɑ̃ dal], scorpion [skɔr pjɔ̃], sculpteur [skyl tœr].)

ç: Français [frɑ̃ sɛ], François [frɑ̃ swa], déçu [de sy].

x dans les mots «soixante» [swa sɑ̃t], «six» (le mot isolé) [sis] et «Bruxelles» [bry sɛl].

t suivi de *i* plus une voyelle prononcée à l'intérieur ou à la fin d'un mot, dans certains mots. Dans d'autres mots, *t* dans cette combinaison se prononce [t]. La prononciation du mot anglais correspondant (qui a été emprunté au français et qui a donc subi la même évolution) peut vous aider à déterminer la prononciation du *t* dans cet environnement. S'il y a un [t] en anglais, il y en a un en français (modesty / modestie). Si on prononce un [s] ou un [ʃ] en anglais, on prononcera un [s] en français (diplomacy / diplomatie):

> essentiel [ɛ sɑ̃ sjɛl]   insatiable [ɛ̃ sa sjabl]
>
> démocratie [de mɔ kra si]   autocratie [o tɔ kra si]
>
> initié [i ni sje]   modestie [mɔ dɛ sti]   partie [par ti]
>
> sortie [sɔr ti]   garantie [ga rɑ̃ ti]   pitié [pi tje]
>
> amitié [a mi tje]

Les suivants sont des cas particuliers.

La terminaison *-tion* se prononce [sjɔ̃], sauf quand elle est précédée de la lettre *s:*

> option [ɔp sjɔ̃], position [pɔ zi sjɔ̃], *mais* question [kɛ stjɔ̃]

La terminaison *-tier* se prononce [sje] dans les infinitifs, mais *-tier* / *-tière* se prononcent [tje] / [tjɛr] dans les noms et les adjectifs:

> différentier [di fe rɑ̃ sje]   initier [i ni sje]
>
> chantier [ʃɑ̃ tje]   charpentier [ʃar pɑ̃ tje]
>
> cimetière [sim tjɛr]

La terminaison *-tième* se prononce [tjɛm]:

> vingtième [vɛ̃ tjɛm]   centième [sɑ̃ tjɛm]
>
> trentième [trɑ̃ tjɛm]

◆   Le son [z] correspond aux lettres suivantes:

z: zèbre [zɛbr], azur [a zyr].

s entre deux voyelles écrites: visite [vi zit], poison [pwa zɔ̃], dise [diz].

s dans le préfixe *trans-* quand celui-ci précède une voyelle: transalpin [trɑ̃ zal pɛ̃].

x, s en liaison: ils arrivent [il za riv], aux enfants [o zɑ̃ fɑ̃].

Exception: Si un préfixe terminé par une voyelle est ajouté à un mot commençant par [s] plus une voyelle prononcée, la prononciation de ce [s] ne change pas:

social [sɔ sjal] / antisocial [ɑ̃ ti sɔ sjal]

supposer [sy pɔ ze] / présupposer [pre sy pɔ ze]

sensibiliser [sɑ̃ si bi li ze] / désensibiliser [de sɑ̃ si bi li ze]

◆ Le son [ʃ] correspond presque toujours aux lettres *ch, sch* et *sh:*

chanter [ʃɑ̃ te]   lacher [la ʃe]   panache [pa naʃ]

schéma [ʃe ma]   short [ʃɔ rt]

Mais comme nous l'avons mentionné plus haut, il y a quelques mots dans lesquels *ch* se prononce [k]. Voici la liste des mots qu'on rencontre le plus souvent. Tous les mots dérivés de ceux-ci contiennent [k] aussi.

archaïque [ar ka ik]	chronologie [krɔ nɔ lɔ ʒi]
archange [ar kɑ̃ʒ]	chrysanthème [kri zɑ̃ tɛm]
archéologie [ar ke ɔ lɔ ʒi]	dichotomie [di kɔ tɔ mi]
Bach [bak]	écho [e ko]
chaos [ka o]	Machiavel [ma kja vɛl]
chianti [kjɑ̃ ti]	Michel-Ange [mi kɛ lɑ̃ʒ]
chloro- (le préfix) [klɔ ro]	Munich [my nik]
chœur [kœr]	orchestre [ɔr kɛstr]
choléra [kɔ le ra]	psychologie [psi kɔ lɔ ʒi]
cholestérol [kɔ lɛ ste rɔl]	scherzo [skɛr dzo]
choral [kɔ ral]	schizophrénie [ski zɔ fre ni]
Christ [krist]	technique [tɛk nik]
chrome [krom]	Zurich [zy rik]

◆ Le son [ʒ] correspond à la lettre *j* et à la lettre *g* quand cette dernière est suivie des lettres *i, y, e* (voir [g] ci-dessus):

je [ʒə]   jambe [ʒɑ̃b]   Gigi [ʒi ʒi]   Égypte [e ʒipt]

âge [ɑʒ]   mangeais [mɑ̃ ʒɛ]   mangeons [mɑ̃ ʒɔ̃]

Notez la prononciation du mot «suggérer» (et de ses dérivés): [syg ʒe re].

EXERCICES D'APPLICATION

Exercices écrits

Exercice 1 Transcrivez les mots suivants à l'aide de symboles phonétiques, en faisant bien attention à la lettre *t*.

1. traction	13. rédaction	25. patienter
2. initier	14. prophétie	26. chantier
3. diplomatie	15. pitié	27. rationnel
4. nation	16. ignition	28. destruction
5. fruitier	17. satiable	29. modestie
6. partiel	18. aristocratie	30. tertiaire
7. construction	19. différentier	31. munition
8. martien	20. initial	32. métier
9. déflation	21. production	33. captieux
10. chantilly	22. centième	34. martial
11. lotion	23. question	35. centigrade
12. routière	24. égotisme	36. amitié

Exercice 2 Transcrivez les phrases suivantes à l'aide de symboles phonétiques, en faisant bien attention à la lettre *s*.

1. Qui se ressemble s'assemble. (proverbe)
2. Qui trop embrasse mal étreint. (proverbe)
3. Laissez faire, laissez dire. (proverbe)
4. Les enfants ressemblent à leur mère.
5. Vous savez que dans le désert il y a des scorpions. Faites attention!
6. Vous avez mis le poison dans son café?
7. L'assassin a laissé un arrosoir dans l'ascenseur.
8. Hélas, je pense que les œillets que mes enfants ont transplantés sont morts.
9. Ils se sont pardonné les uns aux autres.

Exercice 3 Transcrivez les mots suivants à l'aide de symboles phonétiques, en faisant bien attention aux lettres *ch*.

1. bûche	4. machine	7. chianti
2. décharger	5. chagrin	8. haché
3. chœur	6. chrétien	9. cholestérol

10. gâcher	**17.** enchanté	**23.** chloroforme
11. écho	**18.** architecture	**24.** déchiffrer
12. chapelle	**19.** archéologue	**25.** choléra
13. Machiavel	**20.** bouche	**26.** chaos
14. catéchisme	**21.** archives	**27.** tricher
15. éplucher	**22.** tacher	**28.** orchestre
16. psychologue		

Exercice 4 Transcrivez les vers suivants, tirés du «Lion et le Chasseur» par La Fontaine, en faisant bien attention aux lettres *g* et *ch*.

> La vraie épreuve de courage
> N'est que dans le danger que l'on touche du doigt.
> Tel le cherchant, dit-il, qui, changeant de langage,
> S'en fuit aussitôt qu'il le voit.

Exercices oraux (cassette 10B)

Exercice 1 Répétez les paires d'expressions suivantes, en faisant bien attention à la distinction [s] / [z].

le poisson / le poison	embrasser / embraser
le dessert / le désert	casse / case
baisser / baiser	frisson / frison
rasseoir / rasoir	hausse / ose
russe / ruse	deux sœurs / deux heures
douce / douze	assis / Asie
coussin / cousin	les cieux / les yeux
cuisse / cuise	racé / rasé
chausse / chose	dix / dise
cesse / seize	bis / bise
assure / azur	fasse / phase

Exercice 2 Répétez les paires suivantes, en faisant bien attention à la distinction [s] / [z].

1. ils sont patients / ils ont de la patience
2. ils sont énergiques / ils ont de l'énergie
3. ils sont peureux / ils ont peur
4. ils sont frileux / ils ont froid
5. ils sont honteux / ils ont honte

6. ils sont riches / ils ont de l'argent
7. ils ôtent / ils sautent
8. ils errent / ils serrent
9. ils amusent / ils s'amusent
10. ils inquiètent / ils s'inquiètent
11. ils endorment / ils s'endorment
12. ils invitent / ils s'invitent
13. ils évitent / ils s'évitent
14. ils aiment / ils s'aiment
15. ils adorent / ils s'adorent

Exercice 3   Répétez les phrases suivantes, en faisant bien attention aux consonnes.

1. Ciel! Si ceci se sait, ses soins sont sans succès.
2. Six francs, six sous, ces saucissons-ci?
3. Si six scies scient six cyprès, six cent scies scient six cent cyprès.
4. Ce sont six chasseurs sachant chasser sans chien.
5. Pour qu'un sage chasseur chasse bien, il faut que son chien de chasse soit sage et sache chasser.

Exercice 4   Répétez les mots de l'exercice écrit 1, en faisant bien attention à la lettre *t*.

Exercice 5   Répétez les phrases de l'exercice écrit 2, en faisant bien attention aux sons [s] et [z].

Exercice 6   Répétez les mots de l'exercice écrit 3, en faisant bien attention aux lettres *ch*.

Exercice 7   Répétez les vers de l'exercice écrit 4, en faisant bien attention aux sons [ʃ] et [ʒ].

Les liquides

Dentale	Vélaire
[l]	[r]

([l] est sonore;
[r] peut être sonore ou sourde.)

Articulation

En prononçant le [l] français, faites bien attention à mettre la pointe de la langue derrière les dents supérieures. Le point d'articulation pour la consonne anglaise est plus postérieur, presque palatal. Efforcez-vous aussi de bien détendre la consonne [l] à la fin du mot.

La consonne française [r] est sonore si elle est suivie d'un son sonore, comme dans les mots «riz» et «rue». Mais si elle est suivie d'un son sourd, elle est aussi sourde, comme dans l'expression «par terre». La variante sonore est de loin la plus commune. Comme nous l'avons déjà indiqué, la consonne [r] est aussi une fricative.

La prononciation de la consonne française [r] est complètement différente de celle de son équivalent en anglais. Le [r] de l'anglais standard est une consonne rétroflexe, pour laquelle la pointe de la langue recule vers le palais mou. Le [r] français est une consonne vélaire: le dos de la langue se rapproche du palais mou et la pointe de la langue est fermement maintenue derrière les dents inférieures. De plus, dans la production de la consonne anglaise les lèvres sont toujours arrondies. En français, par contre, la position des lèvres dépend du son qui suit. Dans le mot «riz» les lèvres sont écartées pour la consonne [r], en anticipation de la voyelle écartée [i]. De la même manière, dans le mot «rue», les lèvres s'arrondissent déjà pour la consonne [r], en anticipation de la voyelle arrondie [y] qui suit. Comparez l'articulation de la consonne [r] française et du [r] anglais à la figure 7.1.

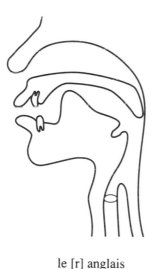
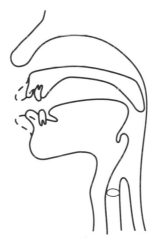

le [r] anglais   le [r] français

Figure 7.1
Le [r] anglais et le [r] français.

Quand vous prononcez la consonne française [r], mettez la pointe de la langue derrière les dents inférieures et soulevez le dos de la langue vers le palais mou pour produire une friction légère. Pour arriver à ce son, prononcez d'abord la consonne [g] dont le point d'articulation est un peu plus antérieur que celui de [r]. Prononcez [ga], puis ajoutez un peu de friction: [gar]. Maintenant essayez le mot «garage» [ga raʒ]. Une autre expérience à effectuer, c'est de prononcer «gond» [gɔ̃], ensuite «gronde» [grɔ̃d] et finalement «rond» [rɔ̃].

Orthographe

Le son [l] correspond aux lettres *l* et *ll:* lent [lɑ̃], appelle [a pɛl]. La lettre *l* n'est pas prononcée dans les mots «fils» [fis] et «pouls» [pu] et après *au:* Gaultier [go tje], Renault [rə no]. (Voir chapitre 6 pour les combinaisons *il* et *ill*.) Le son [r] correspond aux lettres *r, rr* et *rh:* rentrer [rɑ̃ tre], terre [tɛr], rhume [rym].

EXERCICES D'APPLICATION

Exercices oraux (cassette 11A)

Exercice 1   Répétez les phrases suivantes, en faisant bien attention à la consonne [l].

1. Le joli livre! Lili l'a lu.
2. La cavale de Laval avala l'eau du lac et l'eau du lac lava la cavale de Laval.

Exercice 2   Répétez les mots suivants, qui contiennent la consonne [r].

car	nord	pour
bar	sort	jour
tire	bord	autour
lire	lors	retour
dire	mort	sœur
chère	alors	leur
frère	Andorre	beurre
père	passeport	meurt
mère	tour	pleure
sert	four	docteur
vers	sourd	acteur
corps	cours	chanteur
dort	amour	lecteur

dure	jure	culture
sure	lecture	allure
mur	créature	mesure
pure		

par avion	leur héros	leur enfant
par erreur	leur ami	une peur animée
leur idée	leur action	une fleur élégante
leur amitié	leur idole	un amour ardent
leur ours	leur importance	

prend	craindre	groupe
près	croiser	gros
prison	brut	grenouille
prudent	brin	grimace
train	brasserie	franc
trop	branler	frais
tribu	droit	frotter
truite	drogue	fraternité
cri	draguer	vrai
crème	dresser	vraiment

le rhume	entouré	guérir
la route	irrité	haranguer
héros	attirer	harasser
héroïne	Touraine	iris
enrhumé	errer	irruption

tourner	orgueil	personne
tournure	ordure	permission
artifice	partir	perpétuer
artisan	partisan	nerveux
irlandais	pourboire	hardi
service	poursuivre	mardi
orné	pourtant	mercredi

Exercice 3   Répétez les mots suivants, en faisant attention à anticiper l'arrondissement ou l'écartement des lèvres pour la voyelle qui suit la consonne [r].

race	recherche	rire	routier
radio	recul	rival	rue
radius	regarder	robinet	ruelle
rang	rentrer	roc	rumeur
rayon	renverse	rôle	ruine
réagir	rincer	roi	russe
réception	rondeur	rouge	rustique
réalité	rien	roue	rude
recette	riche	roulette	rusé

Exercice 4   Répétez les phrases suivantes, en faisant bien attention à la consonne [r].

1. Faute de grives, on mange des merles. (proverbe)
2. La vérité peut se dire en riant. (proverbe)
3. Il faut avoir plusieurs cordes à son arc. (expression idiomatique)
4. Rat vit riz;
   Riz tenta rat.
   Rat tenté tâta riz.
   Riz tâté tua rat.
5. Nous cherchons notre bonheur hors de nous-même, et dans l'opinion des hommes, que nous connaissons flatteurs, peu sincères, sans équité, pleins d'envie, de caprices et de préventions: quelle bizarrerie! (La Bruyère)

Exercice 5   Répétez les vers suivants, tirés du poème «La Nuit de décembre» par Alfred de Musset. Faites bien attention à la consonne [r].

Partout où j'ai voulu dormir,
Partout où j'ai voulu mourir,
Partout où j'ai touché la terre,
Sur ma route est venu s'asseoir
Un malheureux vêtu de noir,
Qui me ressemblait comme un frère.

Exercice 6   Répétez les vers suivants, tirés du poème «Obsession» par Charles Baudelaire. Faites bien attention à la consonne [r].

> Je te hais, Océan! tes bonds et tes tumultes,
> Mon esprit les retrouve en lui; ce rire amer
> De l'homme vaincu, plein de sanglots et d'insultes,
> Je l'entends dans le rire énorme de la mer.

Exercice 7   Répétez les deux premières strophes du poème «Artémis» par Gérard de Nerval. Faites bien attention à la consonne [r].

> La Treizième revient... C'est encor la première;
> Et c'est toujours la seule, — ou c'est le seul moment;
> Car es-tu reine, ô toi! la première ou dernière?
> Es-tu roi, toi le seul ou le dernier amant?...
>
> Aimez qui vous aime du berceau dans la bière,
> Celle que j'aimai seule m'aime encor tendrement:
> C'est la mort — ou la morte... Ô délice! ô tourment!
> La rose qu'elle tient, c'est la Rose trémière.

Exercice 8   Répétez le poème «Le Couvercle» par Charles Baudelaire, en faisant bien attention à la consonne [r].

> En quelque lieu qu'il aille, ou sur mer ou sur terre,
> Sous un climat de flamme ou sous un soleil blanc,
> Serviteur de Jésus, courtisan de Cythère,
> Mendiant ténébreux ou Crésus rutilant,
>
> Citadin, campagnard, vagabond, sédentaire,
> Que son petit cerveau soit actif ou soit lent,
> Partout l'homme subit la terreur du mystère,
> Et ne regarde en haut qu'avec un œil tremblant.
>
> En haut, le Ciel! ce mur de caveau qui l'étouffe,
> Plafond illuminé par un opéra bouffe
> Où chaque histrion foule un sol ensanglanté;
>
> Terreur du libertin, espoir du fol ermite:
> Le Ciel! couvercle noir de la grande marmite
> Où bout l'imperceptible et vaste Humanité.

Exercices écrits

Exercice 1   Transcrivez les phrases de l'exercice oral 4 à l'aide de symboles phonétiques.

Exercice 2   Transcrivez les vers de l'exercice oral 5 à l'aide de symboles phonétiques.

Exercice 3   Transcrivez les vers de l'exercice oral 6 à l'aide de symboles phonétiques.

Exercice 4   Transcrivez les vers de l'exercice oral 7 à l'aide de symboles phonétiques.

Exercice 5   Transcrivez le poème «Le Couvercle», donné dans l'exercice oral 8, à l'aide de symboles phonétiques.

Les nasales

	Bilabiale	Dentale	Palatale	Vélaire
Sonores	[m]	[n]	[ɲ]	[ŋ]

Articulation

Le son [n] est dental en français; faites donc bien attention à mettre la pointe de la langue derrière les dents supérieures en le prononçant. Remarquez que le son [n] en anglais est alvéolaire. Quand [m] et [n] se trouvent à la fin du mot ou du mot phonétique, faites bien attention à les détendre complètement. Le son [ɲ] existe en anglais (dans le mot «canyon»); son articulation ne pose donc pas de problème pour l'étudiant anglophone, qui doit toutefois prononcer [ɲ], et pas [gn], pour les lettres *gn* (sauf dans quelques mots).

Dans l'articulation de la combinaison [iŋ], l'étudiant anglophone doit s'efforcer de prononcer un [i] fermé; l'articulation de cette consonne, empruntée à l'anglais, ne pose par ailleurs pas de problème.

Orthographe

Le son [m] correspond aux lettres *m* et *mm*. Le son [n] correspond aux lettres *n* et *nn*. (Voir chapitre 4 pour une discussion des cas où les lettres *m* et *n* sont muettes après une voyelle nasale.)

matte [mat]   somme [sɔm]   panne [pan]

La consonne [ɲ] correspond aux lettres *gn* de la langue écrite:

champagne [ʃɑ̃ paɲ]   enseignement [ɑ̃ sɛ ɲə mɑ̃]

Exception: Dans quelques mots, *gn* se prononce [gn]. Par exemple:

ignition [ig ni sjɔ̃]   agnostique [ag nɔ stik]   gnome [gnom]

stagnant [stag nɑ̃]   diagnostic [djag nɔ stik]

La combinaison de lettres *-ing* se prononce [iŋ], mais ne se trouve que dans les mots empruntés à l'anglais: le parking [lə par kiŋ], le jogging [lə ʒɔ giŋ], etc. Remarquez cependant la prononciation du mot «shampooing» [ʃɑ̃ pwɛ̃].

EXERCICES D'APPLICATION

Exercices écrits

Exercice 1 Transcrivez les mots suivants à l'aide de symboles phonétiques, en faisant bien attention à la prononciation des lettres *gn*.

1. agneau	8. ignorer	15. enseigne
2. agnostique	9. campagne	16. ignition
3. peigner	10. soigne	17. ligne
4. espagnol	11. gnome	18. signification
5. Espagne	12. montagne	19. stagnant
6. digne	13. règne	20. magnifique
7. ignoble	14. oignon	

Exercice 2 Transcrivez les expressions suivantes à l'aide de symboles phonétiques.

1. le parking	5. le jogging	9. le shopping
2. le marketing	6. le footing	10. le camping
3. le babysitting	7. le shampooing	11. de grand standing
4. un meeting	8. en smoking	

Exercices oraux (cassette 11B)

Exercice 1 Répétez les mots de l'exercice écrit 1, en faisant bien attention à la prononciation des lettres *gn*.

Exercice 2 Répétez les mots de l'exercice écrit 2, en faisant bien attention à la prononciation des lettres *ing*.

Exercice 3   Répétez les phrases suivantes, en faisant bien attention aux consonnes nasales.

1. Un cheval maure qui mord son mors ne mord plus son mors quand il est mort.

2. La magnanimité méprise tout pour avoir tout. (La Rouchefoucauld)

La lettre *h*

La lettre *h* est muette en français. Rappelez-vous que la combinaison *th* se prononce [t] et *rh*, [r]:

thon [tɔ̃]   rhum [rɔm]   trahison [tra i zɔ̃]   dehors [də ɔr]

Normalement, le *h* initial du mot est non-aspiré, c'est-à-dire que la liaison et l'élision se font, s'il y a lieu:

les‿hommes [le zɔm]   les‿héroïnes [le ze ro in]

l'homme [lɔm]   l'héroïne [le ro in]

Mais dans un certain nombre de mots d'origine germanique, on trouve un *h aspiré*. Cette appellation, *h aspiré,* vient de l'époque où cette lettre était en fait aspirée, comme l'est toujours le *h* anglais. La liaison et l'élision ne se font pas avec un mot commençant par un *h aspiré:*

les ╳ hibous [le i bu]   le homard [lə ɔ mar]   la hanche [la ɑ̃ʃ]

Pour une liste de mots communs qui commencent par un *h aspiré,* voir chapitre 2. *Remarque:* Le mot «onze» refuse l'élision et la liaison de la même manière que fait un mot commençant par un *h aspiré:*

les ╳ onze livres [le ɔ̃z livr]   le onze novembre [lə ɔ̃z nɔ vɑ̃br]

Consonnes écrites finales

La plupart des consonnes ne sont pas prononcées en fin de mot en français:

un [œ̃]   pas [pa]   chaud [ʃo]   tôt [to]   long [lɔ̃]

Mais quand *les lettres c, r, f,* et *l* se trouvent à la fin du mot, elles sont dans la plupart des cas prononcées (vous pouvez vous souvenir de ces consonnes en pensant au mot anglais «careful», dont elles sont les consonnes):

Cadillac [ka djak]   dur [dyr]   positif [po zi tif]

miel [mjɛl]

Remarquez la prononciation «œuf» [œf] et «bœuf» [bœf] au singulier, mais «œufs» [ø] et «bœufs» [bø] au pluriel.

Les consonnes *c, r, f* et *l* sont cependant muettes dans certains mots, notamment

♦ Les infinitifs de la première conjugaison: danser [dɑ̃ se], manger [mɑ̃ ʒe], etc.

♦ Presque tous les noms et adjectifs de plus d'une syllabe terminés par *r:* premier [prə mje], chancelier [ʃɑ̃ sə lje], papier [pa pje], gosier [go zje], escalier [ɛ ska lje], etc. *mais* il y a des exceptions: la cuiller (aussi la cuillère) [la kɥi jɛr], l'amour [la mur], et les mots avec la terminaison *-eur* [œr]: créateur [kre a tœr], directeur [di rɛk tœr].

♦ Les mots qui se terminent par un *c* suivant une voyelle nasale: banc [bɑ̃], blanc [blɑ̃], franc [frɑ̃], tronc [trɔ̃], flanc [flɑ̃], vainc [vɛ̃].

♦ Quelques mots divers:

estomac [ɛ stɔ ma]	tabac [ta ba]	porc [pɔr]
clerc [klɛr]	caoutchouc [ka ut ʃu]	clef (clé) [kle]
nerf [nɛr]	fusil [fy zi]	gentil [ʒɑ̃ ti]	outil [u ti]
sourcil [sur si]	saoul [su]	cul [ky]	coutil [ku ti]
nombril [nɔ̃ bri]	persil [pɛr si]		

N'oubliez pas la prononciation [j] de la consonne finale *l* lorsqu'elle est précédée d'une voyelle plus *i* (voir chapitre 6):

détail [de taj]   pareil [pa rɛj]   œil [œj]

Autres consonnes finales prononcées   Il existe aussi des cas où une consonne finale autre que *c, r, f* ou *l* est prononcée. Par exemple:

1. Les terminaisons *-ct* et *-pt* sont prononcées dans certains mots. En voici les principaux (il faut les mémoriser):

tact [takt]	contact [kɔ̃ takt]	impact [ɛ̃ pakt]
abject [ab ʒɛkt]	direct [di rɛkt]	indirect [ɛ̃ di rɛkt]
infect [ɛ̃ fɛkt]	district [di strikt]	strict [strikt]
abrupt [a brypt]	concept [kɔ̃ sɛpt]	script [skript]

2. Les mots empruntées aux langues étrangères gardent souvent la consonne finale:

tennis [te nis]	vasistas [va zi stas]	oasis [ɔ a zis]
express [ek sprɛs] (*mais* exprès [ek sprɛ])		

clown [klun]   spleen [splin]   islam [iz lam]

Amsterdam [am stɛr dam]   rhum [rɔm]

handicap [ɑ̃ di kap]   stop [stɔp]   déficit [de fi sit]

transit [trɑ̃ zit]

3. Les mots savants, c'est-à-dire, empruntés directement au latin, terminés en *-um, -us* et *-en* gardent la consonne finale:

album [al bɔm]   forum [fɔ rɔm]   vélum [ve lɔm]

radius [ra djys]   terminus [tɛr mi nys]   rébus [re bys]

virus [vi rys]   amen [a mɛn]   abdomen [ab dɔ mɛn]

spécimen [spe si mɛn]

4. Voici une liste de mots communs dont la consonne finale est prononcée:

bis [bis]   mars [mars]   ours [urs]   fils [fis]

hélas [e las]   maïs [ma is]   sens [sɑ̃s]   cassis [ka sis]

gratis [gra tis]   jadis [ʒa dis]   biceps [bi sɛps]

forceps [fɔr sɛps]   as [as]   autobus [ɔ tɔ bys]

Agnès [a ɲɛs]   palmarès [pal ma rɛs]

albatros [al ba tros]   rhinocéros [ri nɔ se rɔs]

index [ɛ̃ dɛks]

un os [œ̃ nɔs] (*mais* les os [le zo])

gaz [gaz]   net [nɛt]   chut [ʃyt]   zut [zyt]   dot [dɔt]

brut [bryt]   est [ɛst]   ouest [wɛst]

sud [syd] (*mais* nord [nɔr])

bifteck [bif tɛk]   cap [kap]   coq [kɔk]

Cas particuliers

1. Les mots suivants peuvent se prononcer de deux façons:

août [u], [ut]

le but [lə by], [lə byt]

le fait [lə fɛ], [lə fɛt]

les mœurs [le mœr], [le mœrs]

exact [ɛg za], [ɛg zakt]

2. Pour les chiffres suivants, on prononce la consonne finale dans le mot
isolé:

cinq [sɛ̃k]   six [sis]   dix [dis]   sept [sɛt]   huit [ɥit]

Devant une voyelle il y a l'enchaînement pour «cinq», «sept» et «huit» et la liaison pour «six» et «dix»:

cinq amis [sɛ̃ ka mi]   sept amis [sɛ ta mi]

huit‿amis [ɥi ta mi]   six‿amis [si za mi]

dix‿amis [di za mi]

Devant une consonne prononcée, «sept» garde sa consonne finale, mais «cinq», «six», «dix» et «huit» la perdent:

sept livres [sɛt livr]   cinq livres [sɛ̃ livr]

six livres [si livr]   dix livres [di livr]

huit livres [ɥi livr]

3. *donc:*

Devant une consonne [dɔ̃]: Il était donc parti.

En tête de proposition ou devant une voyelle [dɔ̃k]:

Donc, je ne l'ai pas vu. Il était donc arrivé.

4. *tous:*

Le pronom [tus]: Ils sont tous ici. Je les vois tous.

L'adjectif [tu]: Tous les enfants sont partis.

5. *plus:*

Négation [ply]: Je ne parle plus avec lui. Moi non plus.

Comparatif ou superlatif, fin d'énoncé [plys]:

J'en veux plus. Je l'aime le plus.

Comparatif ou superlatif (d'un adjectif, d'un adverbe ou d'un nom) devant consonne [ply]:

J'ai plus faim que lui. C'est le plus petit.

Comparatif ou superlatif d'un verbe [ply] *ou* [plys]:

Je travaille plus que lui.

[ʒə tra vaj ply kə lɥi] *ou* [ply skə lɥi]

J'aime celui-ci plus que celui-là.

[ʒɛm sə lɥi si ply kə sə lɥi la] *ou* [ply skə sə lɥi la]

Notez que si le mot «plus» se trouve devant une voyelle dans ce cas, la liaison est obligatoire: plus‿on lit, plus‿on apprend.

Addition [plys]: Un plus un font deux.

Dans le sens «davantage de» [ply] *ou* [plys]:

un peu plus d'eau [œ̃ pø ply do] *ou* [œ̃ pø plys do]

Dans les expressions «de plus», «en plus» et «au plus» [plys] *ou* [ply]:

Elle a dix ans de plus. [ɛ la di zɑ̃ də plys] *ou* [də ply]

En plus, il a menti. [ɑ̃ plys i la mɑ̃ ti] *ou* [ɑ̃ ply]

tout au plus [tu to plys] *ou* [o ply]

Comparez:

Nous en avons plus. [nu zɑ̃ na vɔ̃ plys]

Nous n'en avons plus. [nu nɑ̃ na vɔ̃ ply]

EXERCICES D'APPLICATION

Exercices écrits

Exercice 1   Transcrivez les mots suivants à l'aide de symboles phonétiques, en faisant bien attention aux consonnes écrites finales.

1. bon	19. regard	37. froid
2. trop	20. parfois	38. tournesol
3. parc	21. assaut	39. fécond
4. vers	22. lent	40. Chantal
5. ciel	23. possesseur	41. bœuf
6. super	24. mars	42. talent
7. réduit	25. tirer	43. avis
8. trois	26. galop	44. aspect
9. recul	27. actif	45. fleur
10. vif	28. bac	46. script
11. banc	29. salon	47. hors
12. arc	30. central	48. italien
13. bar	31. fugitif	49. plat
14. canard	32. an	50. aller
15. clos	33. abord	51. finir
16. concret	34. sportif	52. beaucoup
17. mal	35. cinq	53. nord
18. dément	36. clair	54. point

55. leur	**73.** direct	**91.** filet
56. français	**74.** porc	**92.** étroit
57. bœufs	**75.** maïs	**93.** paix
58. choisir	**76.** deux	**94.** adjectif
59. décent	**77.** suspect	**95.** prompt
60. gens	**78.** quart	**96.** vingt
61. provençal	**79.** mois	**97.** concept
62. état	**80.** chic	**98.** chanter
63. pommier	**81.** star	**99.** infect
64. parfum	**82.** arranger	**100.** Cadillac
65. Charles	**83.** œuf	**101.** respect
66. habituel	**84.** parisien	**102.** nombril
67. ascenseur	**85.** calcul	**103.** chef
68. sud	**86.** dès	**104.** avril
69. naturel	**87.** amour	**105.** tact
70. bois	**88.** gros	**106.** index
71. Chambord	**89.** truc	**107.** salon
72. répressif	**90.** flanc	**108.** délicat

Exercice 2   Transcrivez les phrases suivantes à l'aide de symboles phonétiques, en faisant bien attention aux consonnes écrites finales.

1. Ne vendez pas la peau de l'ours avant de l'avoir tué. (proverbe)
2. Plus on est de fous, plus on rit. (proverbe)
3. Plus on pratique, mieux on sait. (proverbe)
4. Le fils de Chantal et de Charles ne viendra pas ce mois-ci, hélas.
5. Ce billet d'autobus est trop cher, à mon avis.
6. L'adjectif doit s'accorder avec le complément d'objet direct dans ce cas.
7. Tous les aspects du concept traditionnel ne sont pas clairs.
8. Je crois qu'il ajoute trop de sel à son porc; il a déjà mal à l'estomac.
9. Marc attend l'express venant de Paris. Il continue vers le sud.
10. Elle tient un chat blanc dans ses bras.
11. Ils chantent sur la côte est du pays, près du lac, dans un parc national.
12. Ils sont arrivés en retard, après dix heures.

Exercices oraux (cassette 11B)

Exercice 1   Répétez les phrases de l'exercice écrit 2, en faisant bien attention aux consonnes.

Exercice 2   Répétez les vers suivants, tirés du poème «Las de l'amer repos» par Stéphane Mallarmé. Faites bien attention aux consonnes écrites finales.

> Las de l'amer repos où ma paresse offense
> Une gloire pour qui jadis j'ai fui l'enfance
> Adorable des bois de roses sous l'azur
> Naturel, et plus las sept fois du pacte dur
> De creuser par veillée une fosse nouvelle
> Dans le terrain avare et froid de ma cervelle,
> Fossoyeur sans pitié pour la stérilité,
> — Que dire à cette Aurore, ô Rêves, visité
> Par les roses, quand, peur de ses roses livides,
> Le vaste cimetière unira les trous vides? —

Exercice 3   Répétez le passage suivant, tiré de *Histoire d'un Bon Bramin* par Voltaire, en faisant bien attention aux consonnes écrites finales.

> Je rencontrai dans mes voyages un vieux bramin, homme fort sage, plein d'esprit, et très savant; de plus, il était riche, et partant, il en était plus sage encore; car, ne manquant de rien, il n'avait besoin de tromper personne. Sa famille était très bien gouvernée par trois belles femmes qui s'étudiaient à lui plaire; et, quand il ne s'amusait pas avec ses femmes, il s'occupait à philosopher.

EXERCICES DE RÉVISION (CONSONNES)

Exercices écrits

Exercice 1   Transcrivez les mots suivants à l'aide de symboles phonétiques, en faisant bien attention à la prononciation des lettres *c, qu* et *g*.

1. saucisson	**8.** recouper	**15.** germer
2. couler	**9.** bougé	**16.** mélange
3. façade	**10.** rage	**17.** incapable
4. facultatif	**11.** longue	**18.** incorporer
5. façonner	**12.** aigu	**19.** carton
6. céleri	**13.** gai	**20.** tricoter
7. cérémonie	**14.** goûter	**21.** racine

22. français	31. Guillaume	40. quitter
23. France	32. linguiste	41. gueule
24. cité	33. quoi	42. glouton
25. linge	34. grecque	43. langue
26. aiguille	35. quand	44. gageur
27. agent	36. qui	45. flagrant
28. garantie	37. aquarium	46. étranger
29. guerre	38. aquarelle	47. singulier
30. grossir	39. quel	48. singe

Exercice 2 Transcrivez à l'aide de symboles phonétiques le passage suivant, tiré de *Les Gommes* par Alain Robbe-Grillet.

Dans la pénombre de la salle de café le patron dispose les tables et les chaises, les cendriers, les siphons d'eau gazeuse; il est six heures du matin.

Il n'a pas besoin de voir clair, il ne sait même pas ce qu'il fait. Il dort encore. De très anciennes lois règlent le détail de ses gestes, sauvés pour une fois du flottement des intentions humaines; chaque seconde marque un pur mouvement: un pas de côté, la chaise à trente centimètres, trois coups de torchon, demi-tour à droite, deux pas en avant, chaque second marque, parfaite, égale, sans bavure. Trente et un. Trente-deux. Trente-trois. Trente-quatre. Trente-cinq. Trente-six. Trente-sept. Chaque seconde à sa place exacte.

Exercice 3 Écrivez les phrases qui correspondent aux symboles phonétiques suivants.

1. [i lja ply də fu kə də saʒ], [e dɑ̃ lə saʒ mɛm], [i lja ply də fɔ li kə də sa ʒɛs]. (Chamfort)

2. [lə ply riʃ de zɔm], [sɛ le kɔ nɔm]. [lə ply povr], [sɛ la var]. (Chamfort)

Exercice 4 Écrivez le passage qui correspond aux symboles phonétiques suivants. Suivez la ponctuation donnée.

1. [i lɛ dy za ʒɑ̃ nɑ̃ glɔ tɛr kə lɛ vɔ lœr de tə ny ɑ pri zɔ̃ e syr dɛ trə kɔ̃ da ne vɑ̃d tu skil pɔ sɛd],

2. [pu rɑ̃ fɛr bɔn ʃɛ ra vɑ̃ də mu rir].

3. [sɛ tɔr di nɛr mɑ̃ lœr ʃə vo kɔ̃ ne lə ply zɑ̃ prɛ se daʃ te],

4. [par skil sɔ̃ pur la ply par ɛk sɛ lɑ̃].

5. [œ̃ dø], [a ki œ̃ lɔrd* də mɑ̃ dɛ lə sjɛ̃],

6. [prə nɑ̃ lə lɔrd* pur kɛl kœ̃ ki vu lɛ fɛr lə me tje], [lɥi di]:

7. «[ʒə nə vø pa vu trɔ̃ pe];

8. [mɔ̃ ʃə val], [kwa kə bɔ̃ ku rœr], [a œ̃ trɛ grɑ̃ de fo],

9. [sɛ kil rə kyl kɑ̃ ti lɛ to prɛ də la pɔr tjɛr].»

Chamfort, *Caractères et Anecdotes*

Exercices oraux (cassette 11B)

Exercice 1   Répétez les mots de l'exercice écrit 1, en faisant bien attention aux consonnes.

Exercice 2   Répétez le passage de l'exercice écrit 2, en faisant bien attention aux consonnes.

Lectures supplémentaires (consonnes)

Voir bibliographie.

---

*Mot anglais: lord.

La Notation phonétique (de l'alphabet phonétique international)

LE FRANÇAIS

voyelles	*consonnes*	*semi-voyelles*
[i] *ici*	[p] *p*apier	[j] *y*eux
[e] b*é*bé	[b] *b*ébé	[ɥ] l*u*i
[ɛ] b*e*lle	[t] *t*enta*t*ive	[w] lo*u*é
[a] p*a*pa	[d] *D*or*d*ogne	
[ɑ] p*â*te	[k] *c*o*qu*ille	
[y] t*u*	[g] *g*orille	
[ø] p*eu*	[f] *f*ace	
[œ] p*eu*r	[v] *v*i*v*e	
[u] t*ou*t	[s] *s*alle	
[o] tr*o*p	[z] *z*odiaque	
[ɔ] d*o*nne	[ʃ] *ch*i*ch*e	
[ə] l*e*	[ʒ] *g*itan	
[ɛ̃] v*in*	[l] *l*e*s*	
[œ̃] *un*	[r] *r*a*r*e	
[ɑ̃] d*an*s	[m] *m*ar*m*ite	
[ɔ̃] b*on*	[n] *n*o*nn*e	
	[ɲ] vi*gn*e	
	[ŋ] parki*ng*	

CERTAINS AUTRES SONS PRONONCÉS EN ANGLAIS (AMÉRICAIN STANDARD) ET EMPLOYÉS DANS CE LIVRE

voyelles	*diphtongues*
[ɒ] h*o*t	[uʷ] tw*o*
[ʌ] c*u*p	[ɨʲ] s*ea*
[æ] c*a*t	[eʲ] s*ay*
[I] b*i*t	[oʷ] s*ow*
[õ] *o*n	
[ʌ̃] -*u*n	
[æ̃] *a*nd	
[Ĩ] s*i*ng	

Exercices supplémentaires de transcription

Écrivez les phrases qui correspondent aux symboles phonétiques.

I. PROVERBES ET EXPRESSIONS DE TOUS LES JOURS

   1. [ɔ̃ nə pø tu ta vwar]

   2. [il nə fo ʒa mɛ rə mɛ tro lɑ̃ də mɛ̃ skə lɔ̃ pø fɛr lə mɛm ʒur]

   3. [dø za vi val mjø kœ̃]

   4. [la bi nə fɛ pa lə mwan]

   5. [nə re ve je pa lə ʃa ki dɔr]

   6. [il fo də tu pur fɛ rœ̃ mɔ̃d]

   7. [tə ne bɔ̃]

   8. [mjø vo tar kə ʒa mɛ]

   9. [mjø vo œ̃ pə ti kɛl kə ʃoz kə rjɛ̃ dy tu]

 10. [sɛ tɑ prɑ̃ drə u a lɛ se]

 11. [ʈu ʃɔ̃ ɖy ɦwa]

 12. [a rɛt dɑ̃ fɛ ryn mɔ̃ taɲ]

 13. [vu zɛt tɔ̃ be ʒyst]

 14. [sə la mə dɔ na re fle ʃir]

 15. [il la mə ne ɑ̃ ba to]

 16. [sɛ vjø kɔm lə mɔ̃d]

17. [rə mɛ trə sɛ la a œ̃ no trə ʒur]

18. [a vwar ply zjœr kɔr da sɔ̃ nark]

19. [na ʒe ɑ̃ trə dø zo]

20. [sə vɑ̃ drə kɔm de pə ti pɛ̃]

21. [sə pɔr te a mɛr vɛj]]

II. TEXTES LITTÉRAIRES

En faisant la transcription des passages suivants, faites attention à la ponctuation donnée.

A. Guy de Maupassant, «Le Diable», *Contes et Nouvelles*

1. [lə pe i zɑ̃ rɛ stɛ də bu ɑ̃ fas dy mɛt sɛ̃],

2. [də vɑ̃ lə li də la mu rɑ̃t].

3. [la vjɛj], [kalm], [re zi ɲe], [ly sid],

4. [rə gar dɛ le dø zɔm e le ze ku tɛ ko ze].

5. [ɛ la lɛ mu rir];

6. [ɛl nə sə re vɔl tɛ pa],

7. [sɔ̃ tɑ̃ e tɛ fi ni],

8. [ɛ la vɛ ka trə vɛ̃ du zɑ̃].

B. Marivaux, *La Vie de Marianne*

1. [ma dam də mi rɑ̃* a vɛ ply də vɛr ty mɔ ral kə də kre tjɛn],

2. [rɛ spɛk tɛ ply le zɛg zɛr sis də sa rə li ʒjɔ̃ kɛl ni sa tis fə zɛ],

3. [ɔ nɔ rɛ fɔr le vrɛ de vo sɑ̃ sɔ̃ ʒe a də və nir de vɔt],

4. [ɛ mɛ plys djø kɛl nə lə krɛ ɲe],

5. [e kɔ̃ sə vɛ sa ʒys tis e sa bɔ̃ te œ̃ pø a sa ma njɛr],

6. [e lə tu a vɛk ply də sɛ̃ pli si te kə də fi lɔ zɔ fi].

7. [se tɛ sɔ̃ kœr],

8. [e nɔ̃ pa sɔ̃ nɛ spri ki fi lɔ zɔ fɛ la də sy].

---

*Nom propre: de Miran

C. Marivaux, *La Vie de Marianne*

1. [la sœr dy ky re ma vɛ di kɛl krɛ ɲɛ də mu rir dɑ̃ la prə mjɛr fɛ blɛs ki lɥi prɑ̃ drɛ],

2. [e ɛl prɔ fe ti zɛ].

3. [ʒə nə vu ly pwɛ̃ mə ku ʃe sɛt nɥi la];

4. [ʒə la ve je].

5. [ɛl rə po za a se trɑ̃ kil mɑ̃ ʒy ska dø zœ ra prɛ mi nɥi];

6. [mɛ a lɔr ʒə lɑ̃ tɑ̃ di sə plɛ̃dr];

7. [ʒɔ ku ry ɑ ɛl],

8. [ʒə lɥi par le],

9. [ɛl ne tɛ ply zɑ̃ ne ta də mə re pɔ̃dr].

10. [ɛl nə fi kə mə sɛ re la mɛ̃ tre le ʒɛr mɑ̃],

11. [e ɛ la vɛ lə vi zaʒ dyn pɛr sɔ nɛk spi rɑ̃t].

D. Guy de Maupassant, «L'Ami Joseph», *Contes et Nouvelles*

1. [ɔ̃ se tɛ kɔ ny ɛ̃ tim mɑ̃ pɑ̃ dɑ̃ tu li vɛ ra pa ri].

2. [a prɛ sɛ trə pɛr dy də vy],

3. [kɔm tu ʒur], [a la sɔr ti dy kɔ lɛʒ],

4. [le dø za mi sɛ tɛ rə tru ve], [œ̃ swar],

5. [dɑ̃ lə mɔ̃d], [de ʒa vjø e blɑ̃ ʃi],

6. [lœ̃ gar sɔ̃], [lo trə ma rje].

E. Guy de Maupassant, «Le Diable», *Contes et Nouvelles*

1. [par la fə nɛ tre la pɔr tu vɛrt],

2. [lə sɔ lɛj də ʒɥi jɛ ɑ̃ tre a flo],

3. [ʒə tɛ sa flam ʃod syr lɔ sɔl də tɛr bryn],

4. [ɔ̃ dy lø e ba ty par lə sa bo də ka trɔ ʒe nɛ ra sjɔ̃ də ɾystr].

5. [le zɔ dœr de ʃɑ̃ və nɛ o si],

6. [pu se par la briz kɥi zɑ̃t],

7. [ɔ dœr de zɛrb], [de ble], [de fœj], [bry le su la ʃa lœr də mi di].

8. [le sot rɛl se go zi jɛ],

9. [ɑ̃ pli sɛ la kɑ̃ paɲ dœ̃ kre pit mɑ̃ klɛr],

10. [pa rɛ jo brɥi de kri ke də bwa kɔ̃ vɑ̃ o zɑ̃ fɑ̃ dɑ̃ le fwar].

F. Marcel Proust, «À la Recherche du temps perdu», *Du Côté de chez Swann*

1. [a kɔ̃ bre*],
2. [tu le ʒur dɛ la fɛ̃ də la prɛ mi di],
3. [lɔ̃ tɑ̃ a vɑ̃ lə mɔ mɑ̃ u il fo drɛ mə mɛ tro li e rɛ ste],
4. [sɑ̃ dɔr mir],
5. [lwɛ̃ də ma mɛ re də ma grɑ̃ mɛr],
6. [ma ʃɑ̃ bra ku ʃe rə də və ne lə pwɛ̃ fik se du lu rø də me pre ɔ ky pa sjɔ̃].
7. [ɔ̃ na vɛ bjɛ̃ nɛ̃ vɑ̃ te],
8. [pur mə di strɛr le swa ru ɔ̃ mə tru vɛ lɛr ma lø rø],
9. [də mə dɔ ne yn lɑ̃ tɛrn ma ʒik dɔ̃],
10. [ɑ̃ na tɑ̃ dɑ̃ lœr dy di ne],
11. [ɔ̃ kwa fɛ ma lɑ̃p].

G. Guy de Maupassant, «L'Ami Joseph», *Contes et Nouvelles*

1. [mə sjø də me rul** a bi tɛ si mwa pa ri],
2. [e si mwa sɔ̃ pə ti ʃa to də tur bə vil***].
3. [ɛ jɑ̃ e pu ze la fij dœ̃ ʃat lɛ̃ de zɑ̃ vi rɔ̃],
4. [i la vɛ ve ky dyn vi pɛ zi ble bɔn dɑ̃ lɛ̃ dɔ lɑ̃s dœ̃ nɔm ki na rjɛ̃ na fɛr].
5. [də tɑ̃ pe ra mɑ̃ kalm e dɛ spri ra si],
6. [sɑ̃ zo das dɛ̃ tɛ li ʒɑ̃s],
7. [ni re vɔl tɛ̃ de pɑ̃ dɑ̃t],
8. [il pa sɛ sɔ̃ tɑ̃ a rə grɛ te dus mɑ̃ lə pa se],
9. [a de plɔ re le mœrs e le zɛ̃ sti ty sjɔ̃ do ʒur dɥi],
10. [e a re pe te a tu mɔ mɑ̃ a sa fam],
11. [ki sə lə vɛ le zjø o sjɛl],
12. [e par fwa o si le mɛ̃ ɑ̃ siɲ da sɑ̃ ti mɑ̃ e nɛr ʒik]:
13. «[su kɛl gu vɛr nə mɑ̃ vi vɔ̃ nu], [mɔ̃ djø]»?

---

*Nom de ville: Combray
**Nom propre: de Méroul
***Nom propre: Tourbeville

H. Marivaux, *La Vie de Marianne*

1. [i lja de ʒɑ̃ dɔ̃ la va ni te sə mɛl də tu skil fɔ̃],
2. [mɛm də lœr lɛk tyr].
3. [dɔ ne lœr lis twar dy kœ ry mɛ̃ dɑ̃ le grɑ̃d kɔ̃ di sjɔ̃],
4. [sə də vjɛ̃ la pu rø œ̃ nɔb ʒɛ ɛ̃ pɔr tɑ̃];
5. [mɛ nə lœr par le pa de ze ta me djɔkr],
6. [il nə vœl vwa ra ʒir kə de sɛ ɲœr],
7. [de prɛ̃s],
8. [de rwɑ],
9. [u dy mwɛ̃ de pɛr sɔn ki ɛ fɛ yn grɑ̃d fi gyr].
10. [il nja kə sə la ki ɛg zist pur la nɔ blɛs də lœr gu].
11. [lɛ se la lə rɛst de zɔm]:
12. [kil viv],
13. [mɛ kil nɑ̃ swa pa kɛ stjɔ̃].
14. [il vu di rɛ vɔ lɔ̃ tje kə la na ty rɔ rɛ bjɛ̃ py sə pa se də le fɛr nɛtr],
15. [e kə le bur ʒwa la de zɔ nɔr].

I. Mallarmé, *Plainte d'automne*

1. [də pɥi kə ma rja* ma ki te pu ra lɛ dɑ̃ zy no tre twal] —
2. [la kɛl],
3. [ɔ rjɔ̃], [al ta ir], [e twa], [vɛr tə ve nys]?** —
4. [ʒe tu ʒur ʃe ri la sɔ li tyd].
5. [kə də lɔ̃g ʒur ne ʒe pa se sœ la vɛk mɔ̃ ʃa]!
6. [par sœl],
7. [ʒɑ̃ tɑ̃ sɑ̃ zœ̃ nɛ trə ma te rjɛl e mɔ̃ ʃa ɛ tœ̃ kɔ̃ pa ɲɔ̃ mi stik],
8. [œ̃ nɛ spri].
9. [ʒə pɥi dɔ̃ dir kə ʒe pa se də lɔ̃g ʒur ne sœ la vɛk mɔ̃ ʃa],
10. [e], [sœl], [a vɛ kœ de dɛr nje zo tœr də la de ka dɑ̃s la tin];
11. [kar də pɥi kə la blɑ̃ʃ kre a tyr nɛ ply],
12. [e trɑ̃ʒ mɑ̃ e sɛ̃ gy ljɛr mɑ̃ ʒe s me tu ski sə re zy mɛ ɑ̃ sə mo]: [ʃyt].
13. [ɛ̃ si], [dɑ̃ la ne],

---

*Nom propre
**Noms d'étoiles

14. [ma sɛ zɔ̃ fa vɔ rit], [sə sɔ̃ le dɛr nje ʒu ra lɑ̃ gi də le te],

15. [ki pre sɛ di me djat mɑ̃ lo tɔn e],

16. [dɑ̃ la ʒur ne],

17. [lœ ru ʒə mə prɔ mɛ nɛ kɑ̃ lə sɔ lɛj sə rə poz a vɑ̃ də se va nwir],

18. [a vɛk de rɛ jɔ̃ də kɥi vrə ʒon syr le myr gri e də kɥi vrə ruʒ syr le ka ro].

J. Albert Camus, *Les Muets*

1. [ɔ̃ ne tɛ o plɛ̃ də li vɛr e sə pɑ̃ dɑ̃ yn ʒur ne ra djøz sə lə vɛ syr la vil de ʒa ak tiv].

2. [o bu də la ʒə te], [la mɛ re lə sjɛl sə kɔ̃ fɔ̃ de dɑ̃ zœ̃ me me kla].

3. [i var*], [pur tɑ̃], [nə le vwa jɛ pa].

4. [il ru lɛ lur də mɑ̃ lə lɔ̃ de bul var ki dɔ min lə pɔr].

5. [syr la pe dal fiks də la bi si klɛt],

6. [sa ʒɑ̃ bɛ̃ firm rə po zɛ i mɔ bil],

7. [tɑ̃ di kə lotr pɛ nɛ pur vɛ̃ krə le pa ve ɑ̃ kɔr mu je də ly mi di te nɔk tyrn].

8. [sɑ̃ rə lə ve la tɛt],

9. [tu mə ny syr sa sɛl],

10. [i le vi tɛ le raj də lɑ̃ sjɛ̃ tram wɛ],

11. [il sə rɑ̃ ʒɛ dœ̃ ku də gi dɔ̃ brysk pur lɛ se pa se le zɔ tɔ mɔ bil ki lə du blɛ e],

12. [də tɑ̃ zɑ̃ tɑ̃],

13. [il rɑ̃ vwa jɛ dy kud], [syr se rɛ̃],

14. [la my zɛ tu fɛr nɑ̃d** a vɛ pla se sɔ̃ de ʒø ne].

15. [il pɑ̃ sɛ ta lɔ ra vɛ ka mɛr tym o kɔ̃ tə ny də la my zɛt].

16. [ɑ̃ trə le dø trɑ̃ʃ də gro pɛ̃],

17. [o ljø də lɔm lɛ ta le spa ɲɔl ki lɛ mɛ],

18. [u dy bif tɛk fri dɑ̃ lɥil],

19. [i la vɛ sœl mɑ̃ dy frɔ maʒ].

---

*Nom propre: Yvars
**Nom propre: Fernande

K. Marcel Proust, «À la Recherche du temps perdu», *Du Côté de chez Swann*

1. [ʒa pɥi je tɑ̃ drə mɑ̃ me ʒu kɔ̃ trə le bɛl ʒu də lɔ re je ki],
2. [plɛ ne frɛʃ],
3. [sɔ̃ kɔm le ʒu də nɔ trɑ̃ fɑ̃s].
4. [ʒə frɔ tɛ y na ly mɛt pur rə gar de ma mɔ̃tr].
5. [bjɛ̃ to mi nɥi].
6. [sɛ lɛ̃ stɑ̃ u lə ma lad ki a e te ɔ bli ʒe də par ti rɑ̃ vwa jaʒ e a dy ku ʃe dɑ̃ zœ̃ no tɛ lɛ̃ kɔ ny],
7. [re ve je pa ryn kriz],
8. [sə re ʒwi ɑ̃ na pɛr sə vɑ̃ su la pɔr tyn rɛ də ʒur].
9. [kɛl bɔ nœr],
10. [sɛ de ʒɑ la ma tɛ̃]!
11. [dɑ̃ zœ̃ mɔ mɑ̃ le dɔ me stik sə rɔ̃ lə ve],
12. [il pu ra sɔ ne],
13. [ɔ̃ vjɛ̃ dra lɥi pɔr te sə kur].
14. [lɛ spe rɑ̃s dɛ trɔ su la ʒe lɥi dɔn dy ku raʒ pur su frir].
15. [ʒy stə mɑ̃ i la kry ɑ̃ tɑ̃ drə de pɑ];
16. [le pa sə ra prɔʃ], [pɥi se lwaɲ].
17. [e la rɛ də ʒur ki e tɛ su sa pɔr ta di spa ry].
18. [sɛ mi nɥi];
19. [ɔ̃ vjɛ̃ de tɛ̃ drə lə gaz];
20. [lə dɛr nje dɔ me sti kɛ par ti e il fo dra rɛ ste tut la nɥi a su frir sɑ̃ rə mɛd].

L. Marguerite Duras, *L'Amant*

1. [lɔr skə lœr dy de pa ra prɔ ʃɛ],
2. [lə ba to lɑ̃ sɛ trwɑ ku də si rɛn], [trɛ lɔ̃],
3. [dyn fɔrs tɛ ribl],
4. [il sɑ tɑ̃ de dɑ̃ tut la vil e dy ko te dy pɔr lə sjɛl də və nɛ nwar].
5. [le rə mɔr kœr sa prɔ ʃɛ ta lɔr dy ba to e lə ti rɛ vɛr la tra ve sɑ̃ tral də la ri vjɛr].
6. [lɔr skə se tɛ fɛ],
7. [le rə mɔr kœr lar gɛ lœr za mar e rə və nɛ vɛr lə pɔr].
8. [a lɔr lə ba to ɑ̃ kɔ ryn fwa di zɛ a djø],

9. [il lɑ̃ sɛ də nu vo se my ʒis mɑ̃ tɛ ribl e si mi ste rjøz mɑ̃ trist ki fə zɛ plø re le ʒɑ̃],

10. [nɔ̃ sœl mɑ̃ sø dy vwa jaʒ],

11. [sø ki sə se pa rɛ mɛ sø ki e tɛ la sɑ̃ rɛ zɔ̃ pre siz],

12. [ki na vɛ pɛr sɔ na ki pɑ̃ se].

13. [lə ba to], [ɑ̃ sɥit], [trɛ lɑ̃t mɑ̃],

14. [a vɛk se prɔ prə fɔrs],

15. [sɑ̃ ga ʒɛ dɑ̃ la ri vjɛr].

16. [lɔ̃ tɑ̃ ɔ̃ vwa jɛ sa fɔr mə o ta vɑ̃ se vɛr la mɛr].

17. [bo ku də ʒɑ̃ rɛ stɛ la a lə rə gar de],

18. [a fɛr de siɲ də ply zɑ̃ ply ra lɑ̃ ti],

19. [də ply zɑ̃ ply de ku ra ʒe],

20. [a vɛk lœr ze ʃarp], [lœr mu ʃwar].

21. [e pɥi], [a la fɛ̃],

22. [la tɛ rɑ̃ pɔr tɛ la fɔrm dy ba to dɑ̃ sa kur byr].

23. [par tɑ̃ klɛr ɔ̃ lə vwa jɛ lɑ̃t mɑ̃ sɔ̃ bre].

M. Georges Boucher de Boucherville, *La Tour de Trafalgar*

1. [pa rœ̃ bo di mɑ̃ʃ], [a prɛ la mɛs],

2. [le ɔ ka di* e sɔ̃ na mɑ̃ par ti rɑ̃ sɑ̃bl pu ra le sə prɔm ne a la mɔ̃ taɲ],

3. [e ʒwir dy frɛ],

4. [su le zar bro fœ jaʒ tu fy].

5. [il ʃə mi nɛ pɑ̃ sif].

6. [le ɔ ka di* sa pɥi jɛ lɑ̃ gi sa mɑ̃ syr lə bra də ʒo zɛf**]

7. ([se tɛ lə nɔ̃ də sə lɥi kɛ lɛ mɛ]);

8. [e tu le dø],

9. [le zjø za ta ʃe lœ̃ syr lotr],

10. [il gar dɛ tœ̃ si lɑ̃s prɔ fɔ̃],

11. [mɛ ki ɑ̃ di zɛ plys kə le dis kur le ply pa sjɔ ne];

12. [tɑ̃ lə lɑ̃ gaʒ dy kœ ra dɛk sprɛ sjɔ̃ pur le dø zɑm pyr ki sɛ̃ pa ti ze sɑ̃ tɑ̃d].

---

*Nom propre: Léocadie
**Nom propre

13. [o]! [kɔm lə kœr də le ɔ ka di* ba tɛ ra pid su lə bra də ʒo zɛf** ki la su tə nc a vɛk de lis], [a vɛk trɑ̃ spɔr].

14. [o]! [kɔ mi le tɛ tø rø ʒo zɛf**],

15. [kɑ̃ le ɔ ka di* lɥi di zɛ ta vɛk sa ʃar mɑ̃ tɛk sprɛ sjɔ̃ də na iv te],

16. «[ɑ], [si ty sa vɛ kɔm ʒə tɛm]!»

17. [e sə pɑ̃ dɑ̃ le zœr fɥi jɛ nɔ̃ brøz],

18. [e il ne tɛ tɑ̃ kɔ ra ri ve ko pje də la mɔ̃ taɲ].

19. [il mə zy rɛ lœr pa syr lə plɛ zir e lə bɔ nœr də mar ʃe ɑ̃ sɑ̃bl].

20. [sɛ tɛ̃ si kil sə rɑ̃ dir ʒy ska la pə tit tur];

21. [e kɑ tɪl zi a ri vɛr],

22. [le ɔ ka di* e tɛ fa ti ge].

---

*Nom propre: Léocadie
**Nom propre

Exercices de
prononciation

I. UNE HISTOIRE

Prononcez les lettres suivantes. Elles racontent une histoire.

L N N É O P I

É L N I A É T L V

L I A V Q

L I A M É

L I A É T M É É A I

L I A É T H T

L I A V G T

L I A R I T

L I É D C D

II. SENTENCES ET MAXIMES

Lisez les phrases suivantes, en faisant bien attention à la prononciation.

A. Chamfort, *Maximes et Pensées*

1. La plus perdue de toutes les journées est celle où l'on n'a pas ri.
2. Il y a des sottises bien habillées, comme il y a des sots très bien vêtus.

3. Célébrité: l'avantage d'être connu de ceux qui ne vous connaissent pas.

4. Un homme amoureux est un homme qui veut être plus aimable qu'il ne peut; et voilà pourquoi tous les amoureux sont ridicules.

5. L'homme sans principes est aussi ordinairement un homme sans caractère, car s'il était né avec du caractère, il aurait senti le besoin de se créer des principes.

B. La Bruyère, *Les Caractères*

1. L'on est plus sociable et d'un meilleur commerce par le cœur que par l'esprit.

2. Il est souvent plus court et plus utile de cadrer aux autres que de faire que les autres s'ajustent à nous.

3. De tous les moyens de faire sa fortune, le plus court et le meilleur est de mettre les gens à voir clairement leurs intérêts à vous faire du bien.

4. C'est une grande misère que de n'avoir pas assez d'esprit pour bien parler, ni assez de jugement pour se taire. Voilà le principe de toute impertinence.

5. Il n'y a au monde que deux manières de s'élever, ou par sa propre industrie, ou par l'imbécilité des autres.

6. L'esclave n'a qu'un maître; l'ambitieux en a autant qu'il y a de gens utiles à sa fortune.

7. Un homme d'esprit, et qui est né fier, ne perd rien de sa fierté et de sa roideur pour se trouver pauvre; si quelque chose au contraire doit amollir son humeur, le rendre plus doux et plus sociable, c'est un peu de prospérité.

C. La Rochefoucauld, *Maximes*

1. Il est du véritable amour comme de l'apparition des esprits: tout le monde en parle, mais peu de gens en ont vu.

2. Il n'y a pas moins d'éloquence dans le ton de la voix que dans le choix de paroles.

3. Un homme d'esprit serait souvent bien embarrassé sans la compagnie des sots.

4. Nous oublions aisément nos fautes lorsqu'elles ne sont sues que de nous.

5. Qui vit sans folie n'est pas si sage qu'il croit.

6. La parfaite valeur est de faire sans témoins ce qu'on serait capable de faire devant tout le monde.

7. La passion fait souvent un fou du plus habile homme et rend souvent les plus sots habiles.

D. La Fontaine, *Fables*

1. Qu'un ami véritable est une douce chose.

2. Rien n'est si dangereux qu'un ignorant ami;
   Mieux vaudrait un sage ennemi.

3. Laissez dire les sots; le savoir a son prix.

4. Les gens sans bruit sont dangereux:
   Il n'en est pas ainsi des autres.

5. La jeunesse se flatte, et croit tout obtenir;
   La vieillesse est impitoyable.

6. Imprudence, babil, et sotte vanité
   Et vaine curiosité,
   Ont ensemble étroit parentage.
   Ce sont enfants d'un lignage.

7. Amusez les rois des songes,
   Flattez-les, payez-les d'agréables mensonges.
   Quelque indignation dont leur cœur soit rempli,
   Ils goberont l'appât, vous serez leur ami.

8. Petits princes, videz vos débats entre vous:
   De recourir aux rois vous seriez de grands fous.
   Il ne les faut jamais engager dans vos guerres,
   Ni les faire entrer sur vos terres.

Textes littéraires

Les textes suivants peuvent être transcrits en symboles phonétiques, appris par cœur, présentés en classe ou simplement lus à haute voix.

La prononciation du e muet *dans la poésie:* Dans la poésie, on prononce tous les *e muets* suivis d'une consonne prononcée dans le même vers. On ne prononce pas les *e muets* suivis d'une voyelle, ni ceux à la fin du vers. Étudiez les *e muets* dans l'exemple suivant:

> Homme, libre-penseur! te crois-tu seul pensant
> Dans ce monde où la vie éclate en toute chose?
> Des forces que tu tiens ta liberté dispose,
> Mais de tous tes conseils l'univers est absent.
>
> Nerval, «Vers dorés»

I. POÉSIE

A. Charles Baudelaire, «L'Albatros»

> Souvent, pour s'amuser, les hommes d'équipage
> Prennent des albatros, vastes oiseaux des mers,
> Qui suivent, indolents compagnons de voyage,
> Le navire glissant sur les gouffres amers.
>
> À peine les ont-ils déposés sur les planches,
> Que ces rois de l'azur, maladroits et honteux,
> Laissent piteusement leurs grandes ailes blanches
> Comme des avirons traîner à côté d'eux.

Ce voyageur ailé, comme il est gauche et veule!
Lui, naguère si beau, qu'il est comique et laid!
L'un agace son bec avec un brûle-gueule,
L'autre mime, en boitant, l'infirme qui volait!

Le Poète est semblable au prince des nuées
Qui hante la tempête et se rit de l'archer;
Exilé sur le sol au milieu des huées,
Ses ailes de géant l'empêchent de marcher.

B. Charles Baudelaire, «Correspondances»

La Nature est un temple où de vivants piliers
Laissent parfois sortir de confuses paroles;
L'homme y passe à travers des forêts de symboles
Qui l'observent avec des regards familiers.

Comme de longs échos qui de loin se confondent
Dans une ténébreuse et profonde unité,
Vaste comme la nuit et comme la clarté,
Les parfums, les couleurs et les sons se répondent.

Il est des parfums frais comme des chairs d'enfants,
Doux comme les hautbois, verts comme les prairies,
— Et d'autres, corrompus, riches et triomphants,

Ayant l'expansion des choses infinies,
Comme l'ambre, le musc, le benjoin et l'encens,
Qui chantent les transports de l'esprit et des sens.

C. Charles Baudelaire, «L'Invitation
au voyage»

Mon enfant, ma sœur,
Songe à la douceur
D'aller là-bas vivre ensemble!
Aimer à loisir,
Aimer et mourir
Au pays qui te ressemble!
Les soleils mouillés
De ces ciels brouillés
Pour mon esprit ont les charmes

Si mystérieux
De tes traîtres yeux,
Brillant à travers leurs larmes.

Là, tout n'est qu'ordre et beauté,
Luxe, calme et volupté.

Des meubles luisants,
Polis par les ans,
Décoreraient notre chambre;
Les plus rares fleurs
Mêlant leurs odeurs
Aux vagues senteurs de l'ambre,
Les riches plafonds,
Les miroirs profonds,
La splendeur orientale,
Tout y parlerait
À l'âme en secret
Sa douce langue natale.

Là, tout n'est qu'ordre et beauté,
Luxe, calme et volupté.

Vois sur ces canaux
Dormir ces vaisseaux
Dont l'humeur est vagabonde;
C'est pour assouvir
Ton moindre désir
Qu'ils viennent du bout du monde.
Les soleils couchants
Revêtent les champs,
Les canaux, la ville entière,
D'hyacinthe et d'or;
Le monde s'endort
Dans une chaude lumière.

Là, tout n'est qu'ordre et beauté,
Luxe, calme et volupté.

D. Charles Baudelaire, «La Vie antérieure»

J'ai longtemps habité sous de vastes portiques
Que les soleils marins teignaient de mille feux,
Et que leurs grands piliers, droits et majestueux,
Rendaient pareils, le soir, aux grottes basaltiques.

Les houles, en roulant les images des cieux,
Mêlaient d'une façon solennelle et mystique
Les tout-puissants accords de leur riche musique
Aux couleurs du couchant reflété par mes yeux.

C'est là que j'ai vécu dans les voluptés calmes,
Au milieu de l'azur, des vagues, des splendeurs
Et des esclaves nus, tout imprégnés d'odeurs,

Qui me rafraîchissaient le front avec des palmes,
Et dont l'unique soin était d'approfondir
Le secret douloureux qui me faisait languir.

E. Mallarmé, «Soupirs»

Mon âme vers ton front où rêve, ô calme sœur
Un automne jonché de taches de rousseur,
Et vers le ciel errant de ton œil angélique
Monte, comme dans un jardin mélancolique,
Fidèle, un blanc jet d'eau soupire vers l'Azur!
— Vers l'Azur attendri d'Octobre pâle et pur
Qui mire aux grands bassins sa langueur infinie
Et laisse, sur l'eau morte où la fauve agonie
Des feuilles erre au vent et creuse un froid sillon,
Se traîner le soleil jaune d'un long rayon.

F. Molière, Extrait des *Femmes savantes*, III, 2

ARMANDE

Pour la langue, on verra dans peu nos règlements,
Et nous y prétendons faire des remuements.
Par une antipathie ou juste, ou naturelle,
Nous avons pris chacune une haine mortelle
Pour un nombre de mots, soit ou verbes ou noms,
Que mutuellement nous nous abandonnons;
Contre eux nous préparons de mortelles sentences,

Et nous devons ouvrir nos doctes conférences
Par les proscriptions de tous ces mots divers
Dont nous voulons purger et la prose et les vers.

PHILAMINTE

Mais le plus beau projet de notre académie,
Une entreprise noble, et dont je suis ravie,
Un dessein plein de gloire, et qui sera vanté
Chez tous les beaux esprits de la postérité,
C'est le retranchement de ces syllabes sales,
Qui dans les plus beaux mots produisent des scandales,
Ces jouets éternels des sots de tous les temps,
Ces fades lieux communs de nos méchants plaisants,
Ces sources d'un amas d'équivoques infâmes,
Dont on vient faire insulte à la pudeur de femmes.

G. Molière, Extrait des *Femmes savantes,* V, 4

MARTINE

Les savants ne sont bons que pour prêcher en chaise;
Et pour mon mari, moi, mille fois je l'ai dit,
Je ne voudrais jamais prendre un homme d'esprit.
L'esprit n'est point du tout ce qu'il faut en ménage,
Les livres cadrent mal avec le mariage;
Et je veux, si jamais on engage ma foi,
Un mari qui n'ait point d'autre livre que moi,
Qui ne sache A ne B, n'en déplaise à Madame,
Et ne soit en un mot docteur que pour sa femme.

H. Alfred de Musset, «Derniers Vers»

L'heure de ma mort, depuis dix-huit mois,
De tous les côtés sonne à mes oreilles.
Depuis dix-huit mois d'ennuis et de veilles,
Partout je la sens, partout je la vois.

Plus je me débats contre ma misère,
Plus s'éveille en moi l'instinct du malheur;
Et, dès que je veux faire un pas sur terre,
Je sens tout à coup s'arrêter mon cœur.

Ma force à lutter s'use et se prodigue.
Jusqu'à mon repos, tout est un combat,
Et, comme un coursier brisé de fatigue,
Mon courage éteint chancelle et s'abat.

I. George Rodenbach, «Du Silence»

Douceur du soir! Douceur de la chambre sans lampe!
Le crépuscule est doux comme la bonne mort
Et l'ombre lentement qui s'insinue et rampe
Se déroule en fumée au plafond. Tout s'endort.

Comme une bonne mort sourit le crépuscule
Et dans le miroir terne, en un geste d'adieu,
Il semble doucement que soi-même on recule,
Qu'on s'en aille plus pâle et qu'on y meure un peu.

Sur les tableaux pendus aux murs, dans la mémoire
Où sont les souvenirs en leurs cadres déteints,
Paysages de l'âme et paysages peints,
On croit sentir tomber comme une neige noire.

Douceur du soir! Douceur qui fait qu'on s'habitue
À la sourdine, aux sons de viole assoupis;
L'amant entend songer l'amante qui s'est tue
Et leurs yeux sont ensemble aux dessins du tapis.

Et langoureusement la clarté se retire;
Douceur! Ne plus se voir distincts. N'être plus qu'un!
Silence! deux senteurs en un même parfum:
Penser la même chose et ne pas se le dire.

II. PROSE

A. Albert Camus, *La Mer au plus près*

Certaines nuits dont la douceur se prolonge, oui, cela aide à mourir de
savoir qu'elles reviendront après nous sur la terre et la mer. Grande
mer, toujours labourée, toujours vierge, ma religion avec la nuit! Elle
nous lave et nous rassasie dans ses sillons stériles, elle nous libère et
nous tient debout. À chaque vague, une promesse, toujours la même.

Que dit la vague? Si je devais mourir, entouré de montagnes froides, ignoré du monde, renié par les miens, à bout de forces enfin, la mer, au dernier moment, emplirait ma cellule, viendrait me soutenir au-dessus de moi-même et m'aider à mourir sans haine.

B. André Gide, *Journal 1889–1939*

La pauvre vieille femme qu'on appelle ici «Grand'mère» a 86 ans. Si voûtée, ou du moins si pliée en deux (car elle a le dos droit) par les constants travaux du jardinage, qu'elle ne peut plus se redresser, et qu'elle marche le derrière plus haut que la tête, à petits pas, pesant sur sa canne. Elle a toujours travaillé, toujours peiné. D'Hyères elle est allée à Saint-Clair, d'où Mme Théo l'a amenée ici, par pitié, et plutôt que de la laisser entrer à l'hospice. Ses mains sont complètement déformées par les rhumatismes; il paraît que ses pieds sont pires. La nuit elle souffre tant qu'elle ne peut dormir. Du matin au soir on la voit travailler dans le jardin, car elle craint toujours d'être à charge, et veut gagner sa vie. Elle enlève les mauvaises herbes — et les bonnes parfois avec, mais avec tant de zèle qu'on ne lui fait pas de reproches. On lui dit: «Grand'mère, reposez-vous. C'est dimanche». Mais quand elle ne travaille pas, elle s'ennuie. Elle envie ceux qui savent lire. Elle reste, assise sur le parapet du canal, les yeux à demi clos, à ruminer de vieux souvenirs. Je m'approche d'elle, car elle dit qu'elle s'ennuie et cela lui fait plaisir de causer. Mais lorsqu'elle se plaint, dit qu'elle voudrait mourir, que la vie n'est plus pour elle qu'une longue souffrance et: «je ne veux pourtant pas me tuer...» et qu'elle ajoute: «je voudrais bien» — je reste sans savoir quoi dire.

C. André Gide, *Journal 1939–1949*, *Souvenirs, Si le grain ne meurt*

Bernard Tissaudier était un gros garçon réjoui, franc, coloré, aux cheveux noirs taillés en brosse; plein de bon sens, aimant à causer, et vers qui me poussait une sympathie assez vive. Le soir, quittant M. Richard, chez qui nous n'étions l'un et l'autre que demi-pensionnaires, nous faisions volontiers un bout de route ensemble, en bavardant; un de nos thèmes favoris était l'éducation des enfants. Nous nous entendions à merveille pour reconnaître que les Richard élevaient déplorablement les leurs, et nous naviguions de conserve sur l'océan des théories — car en ce temps je ne savais pas encore à quel point le natif l'emporte sur l'acquis, et qu'à travers tous les apprêts, les empois, les repassages et les plis, la naturelle étoffe reparaît, qui se tient, d'après le tissu, raide ou floche. Je projetais alors d'écrire un traité sur l'éducation et en promettais à Bernard la dédicace.

D. La Bruyère, «De la Stupidité», *Les Caractères de Théophraste*

La stupidité est en nous une pesanteur d'esprit qui accompagne nos actions et nos discours. Un homme stupide, ayant lui-même calculé avec des jetons une certaine somme, demande à ceux qui le regardent faire à quoi elle se monte. S'il est obligé de paraître dans un jour prescrit devant ses juges pour se défendre dans un procès que l'on lui fait, il l'oublie entièrement et part pour la campagne. Il s'endort à un spectacle, et il ne se réveille que longtemps après qu'il est fini et que le peuple s'est retiré. Après s'être rempli de viandes le soir, il se lève la nuit pour une indigestion, va dans la rue se soulager, où il est mordu d'un chien du voisinage. Il cherche ce qu'on vient de lui donner, et qu'il a mis lui-même dans quelque endroit, où souvent il ne peut le retrouver. Lorsqu'on l'avertit de la mort de l'un de ses amis afin qu'il assiste à ses funérailles, il s'attriste, il pleure, il se désespère, et prenant une façon de parler pour une autre: «À la bonne heure», ajoute-t-il, ou une pareille sottise. Cette précaution qu'ont les personnes sages de ne pas donner sans témoins de l'argent à leurs créanciers, il l'a pour en recevoir de ses débiteurs. On le voit quereller son valet, dans le plus grand froid de l'hiver, pour ne lui avoir pas acheté des concombres. S'il s'avise un jour de faire exercer ses enfants à la lutte ou à la course, il ne leur permet pas de se retirer qu'ils ne soient tout en sueur et hors d'haleine. Il va cueillir lui-même des lentilles, les fait cuire, en oubliant qu'il y a mis du sel, il les sale une seconde fois, de sorte que personne n'en peut goûter. Dans le temps d'une pluie incommode, et dont tout le monde se plaint, il lui échappera de dire que l'eau du ciel est une chose délicieuse; et si on lui demande par hasard combien il a vu emporter de morts par la porte Sacrée: «Autant, répond-il, pensant peut-être à de l'argent ou à des grains, que je voudrais que vous et moi en pussions avoir».

E. Marcel Proust, «À la Recherche du temps perdu», *Du Côté de chez Swann*

Longtemps, je me suis couché de bonne heure. Parfois, à peine ma bougie éteinte, mes yeux se fermaient si vite que je n'avais pas le temps de me dire: «Je m'endors». Et, une demi-heure après, la pensée qu'il était temps de chercher le sommeil m'éveillait; je voulais poser le volume que je croyais avoir encore dans les mains et souffler ma lumière; je n'avais pas cessé en dormant de faire des réflexions sur ce que je venais de lire, mais ces réflexions avaient pris un tour un peu particulier; il me semblait que j'étais moi-même ce dont parlait l'ouvrage: une église, un quatuor, la rivalité de François Ier et de Charles-Quint. Cette croyance survivait pendant quelques secondes à mon réveil; elle ne choquait pas ma raison, mais pesait comme des écailles sur mes yeux et les empêchait de se rendre compte que le bougeoir n'était plus allumé. Puis elle commençait à me devenir inintelligible, comme après la métempsycose les pensées d'une existence antérieure; le sujet du livre se détachait de moi, j'étais libre de m'y appliquer ou non; aussitôt je recouvrais la vue et j'étais bien étonné de trouver autour de moi une obscurité, douce et reposante pour mes yeux, mais peut-être plus encore pour mon esprit, à qui elle apparaissait comme une chose sans cause, incompréhensible, comme une chose vraiment obscure. Je me demandais quelle heure il pouvait être; j'entendais le sifflement des trains qui, plus ou moins éloigné, comme le chant d'un oiseau dans une forêt, relevant les distances, me décrivait l'étendue de la campagne déserte où le voyageur se hâte vers la station prochaine; et le petit chemin qu'il suit va être gravé dans son souvenir par l'excitation qu'il doit à des lieux nouveaux, à des actes inaccoutumés, à la causerie récente et aux adieux sous la lampe étrangère qui le suivent encore dans le silence de la nuit, à la douceur prochaine du retour.

Vocabulaire phonétique

accent dans la la langue parlée, procédé par lequel on fait ressortir certaines syllabes du mot ou de la phrase. En anglais les syllabes accentuées sont prononcées plus fortement que les autres syllabes. En français on accentue une syllabe en la prononçant plus longue que les autres syllabes.

accent affectif accent d'émotion, surajouté à l'accent tonique et placé au début du mot. Ex: C'est fantastique!

accent tonique accent qui tombe toujours sur la dernière syllabe du mot ou du mot phonétique en français. Ex: possibilité; venez avec nous.

alphabet phonétique international (API) système de symboles qui correspondent aux sons de la langue parlée

alvéolaire adjectif employé pour décrire un son articulé avec la pointe de la langue au niveau des alvéoles. Les consonnes [s] et [z] sont alvéolaires en français.

alvéoles partie de la mâchoire supérieure située entre les dents supérieures et le palais dur; voir figure 1.1.

antériorité se réfère au lieu d'articulation d'un son dans la bouche; plus le point d'articulation est proche des lèvres (et éloigné de la luette), plus le son est antérieur. Ex: La voyelle [y], articulée entre la partie antérieure de la langue et le palais dur, est plus antérieure que la voyelle [u], articulée entre la partie postérieure de la langue et le palais mou.

aperture (de la bouche) largeur de la cavité formée par les organes articulatoires des mâchoires inférieure et supérieure. L'aperture est un des trois paramètres qui définissent l'articulation des voyelles.

apical adjectif employé pour décrire un son articulé avec la pointe de la langue. Ex: Les consonnes [t] et [d] sont apicales.

arrondissement (des lèvres)   position des lèvres, qui forment un cercle pour articuler certains sons, dits arrondis. Ex: Les voyelles [y] et [o] sont arrondies.

articulation (d'un son)   description de la position des organes de la parole dans la formation d'un son. Ex: Dans l'articulation de la voyelle [i], les lèvres sont écartées, la langue est dans une position antérieure, la bouche est très fermée et l'air passe uniquement par la bouche.

aspiration   petite explosion d'air qui suit, en anglais, une occlusive sourde ([p], [t], [k]). Ex: le *p* en anglais dans «party»

assimilation de sonorité   le fait qu'une consonne sourde devienne sonore sous l'influence d'un son (voyelle ou consonne) sonore voisin, ou qu'une consonne sonore devienne sourde sous l'influence d'une consonne sourde voisine. Ex: se*c*onde [sə gɔ̃d]; a*b*sent [ap sɑ̃]

bilabiale   adjectif décrivant un son articulé par les deux lèvres. Les consonnes [p] et [b] sont bilabiales.

cavité buccale   intérieur de la bouche; cavité située entre le gosier et les dents, où passe l'air dans l'articulation des sons

cavité nasale   passage entre le gosier et les narines, où passe une partie de l'air dans l'articulation des sons nasals

consonne   son dans l'articulation duquel l'air venant des poumons rencontre un obstacle — soit complet, soit partiel — dans son passage vers l'extérieur. Ex: [p]; [f]

consonne géminée   consonne articulée deux fois de suite dans un énoncé. Ex: La consonne [l] est géminée dans «Il l'a vu» [il la vy].

consonne nasale   consonne dans la production de laquelle l'air s'échappe par la bouche et par le nez. Les quatre consonnes nasales en français sont [n], [m], [ɲ] et [ŋ].

consonne rétroflexe   consonne dans la production de laquelle la pointe de la langue recule vers le palais dur. La consonne [r] est rétroflexe en anglais.

consonne sonore (ou consonne voisée)   consonne dans la production de laquelle les cordes vocales vibrent. Ex: [b]; [z]

consonne sourde (ou consonne non-voisée)   consonne dans la production de laquelle les cordes vocales ne vibrent pas. Ex: [p]; [s]

constrictive   Voir fricative.

cordes vocales   deux membranes situées dans le pharynx et que l'air fait vibrer pour former les sons sonores (voisés) comme [b], ou bien qui s'ouvrent pour laisser passer l'air sans vibrer, formant alors les sons sourds (non-voisés) comme [p]; voir figure 1.1.

dental   adjectif employé pour décrire un son articulé contre les dents. Les consonnes [t], [d], [n] et [l] sont dentales en français.

détente finale   rouverture de la bouche à la fin d'une consonne en français (surtout les occlusives) et donc rupture de tout contact entre les organes articulatoires. (Comparez à l'anglais, où ce contact est souvent maintenu: français «coupe», anglais «coop».)

diphtongue   augmentation d'une voyelle par une semi-voyelle dans la même syllabe. Ex: dans le mot anglais «bay» [be^j]

distribution (de sons)   emploi d'un son selon l'environnement phonétique. Ex: On n'entend la voyelle ouverte [ɔ] en position tonique que dans les syllabes fermées.

dorsal   adjectif employé pour décrire un son articulé avec le dos de la langue. Les consonnes [ɲ], [ʃ], [ʒ], [k], [g], [ŋ] et [r] sont dorsales.

écartement (des lèvres)   position des lèvres où les coins de la bouche s'étirent vers les joues, pour former les sons qu'on appelle écartés. Ex: Les voyelles [i] et [e] sont écartées.

élision   à l'écrit aussi bien qu'à l'oral, perte de la voyelle finale d'un mot devant un mot commençant par un son vocalique. Ex: l'étudiant; l'île; l'homme; s'ils; qu'on

e muet (caduc, instable)   la voyelle [ə], voyelle antérieure, arrondie et orale, qui varie entre les positions fermée et ouverte et dont l'articulation est proche de celle de [ø] et de [œ], mais qui peut s'amuïr dans la langue parlée. Ex: mon petit [mɔ̃ pə ti] / mon pétit [mɔ̃ pti]

enchaînement   absence de pause, en français, entre syllabes à l'intérieur du mot ou du mot phonétique; chaque syllabe est donc étroitement liée à celle qui la suit. Ainsi les consonnes se prononcent elles souvent avec la voyelle qui les suit (enchaînement consonantique) et n'y a-t-il pas de rupture entre voyelles (enchaînement vocalique). Ex: Il est resté avec elle [i lɛ rɛ ste a vɛ kɛl]; Il a été à Haïti [i la e te a a i ti].

énoncé   ensemble de sons qui forme un message oral

environnement phonétique   position d'un son dans l'énoncé. Un son peut se trouver, par exemple, à l'initiale ou à la fin de l'énoncé, à l'intérieur de l'énoncé entre deux voyelles ou adjacent à des consonnes dans une syllabe tonique.

explosive   Voir occlusive.

fricative (ou constrictive)   consonne dans la production de laquelle l'air venant des poumons rencontre une constriction buccale, ce qui produit une friction. Les fricatives sont [f], [v], [s], [z], [ʃ], [ʒ] et [r].

groupe consonantique   suite de deux ou trois consonnes qu'on peut trouver normalement au début du mot isolé et qui, dans un groupe rythmique, se prononcent dans la même syllabe. Ex: [pl]; [br]; [skr]

groupe grammatical   groupe de mots qui forme une unité grammaticale. Ex: groupe nominal (dont le noyau est un nom), «le petit oiseau bleu»; groupe verbal (dont le noyau est un verbe), «a chanté joyeusement et longuement»

groupe rythmique (ou mot phonétique)   division rythmique de la phrase française supérieure à la syllabe; chaque groupe porte un accent tonique, est divisé en syllabes (pas en mots) et correspond à un groupe grammatical (c'est-à-dire, nominal ou verbal). Ex: La phrase suivante est divisée en cinq groupes rythmiques: Patrick et sa femme Annick │ habitent à Lille │ mais ils passent le mois de février │ chez sa mère │ qui est parisienne.

harmonisation vocalique   phénomène par lequel la prononciation d'une voyelle moyenne ([e] ou [ɛ], [ø] ou [œ], [o] ou [ɔ]) dans une syllabe prétonique est influencée par l'aperture de la voyelle dans la syllabe tonique. Quand celle-ci est fermée, la voyelle prétonique tend à se fermer aussi, et quand la voyelle tonique est ouverte, on prononce le plus souvent la variante ouverte dans la syllabe prétonique. Ex: aimer [e me]; aimant [ɛ mɑ̃]

h aspiré   lettre *h* initiale et muette, qui, dans certains mots français (la plupart d'origine germanique), empêche la liaison et l'élision. Ex: les hiboux [le i bu]; le hibou [lə i bu]

hauteur (d'un son)   place du son dans la gamme musicale. Un son «plus haut» correspond à une note (un ton) plus haute dans la gamme. Dans l'intonation, par exemple, les syllabes correspondent à une suite de hauteurs ascendantes ou descendantes.

intonation   trait prosodique d'une langue qui marque les différences de hauteur du ton dans les phrases. Il existe en français des courbes intonatives montantes et des courbes descendantes. Ex:

Vas-tu à l'école? Il revient au bureau.

joncture   manière dont les sons d'une langue parlée se relient pour former des mots et des phrases. En français, l'enchaînement et la liaison sont les principaux moyens employés pour relier les sons dans un énoncé d'une certaine longueur.

labial   adjectif employé pour décrire un son dont l'articulation met en jeu les lèvres. Les consonnes [p], [b], [m], [f] et [v] sont labiales.

labio-dental   adjectif employé pour décrire un son articulé avec la lèvre inférieure contre les dents supérieures. Les consonnes [f] et [v] sont labio-dentales.

langue standard   forme normalisée d'une langue, qu'on décrit généralement dans les livres de grammaire. Le français standard est le français de la région parisienne, des classes cultivées et de la conversation soignée, ce qu'on appelle «le bon usage».

latérale   La consonne [l] en français est dite «latérale» parce que pour la prononcer, on laisse l'air s'échapper des deux côtés de la langue, tandis que pour les autres consonnes, l'air passe par un canal médian.

liaison   forme de joncture qui relie les mots en faisant apparaître, devant une voyelle, une consonne normalement muette. Ex: les‿acteurs [le zak tœr]. Certaines liaisons sont obligatoires, d'autres sont facultatives et d'autres interdites.

liquide Les consonnes [l] et [r] sont appelées «liquides» à cause de leur capacité de se joindre à d'autres consonnes pour former des groupes consonantiques. Ex: [bl]; [pr]

luette (ou uvula) partie extrême du palais mou qui pend à l'entrée du gosier et qui sert à fermer l'entrée de la cavité nasale dans la production des sons oraux; voir figure 1.1.

mot dérivé mot (appartenant souvent à une catégorie grammaticale différente de celle du mot original) qui a son origine dans un autre mot. Ex: Le mot «héroïque» est dérivé de «héros».

mot phonétique Voir groupe rythmique.

nasalité Un son est nasal si l'air venant des poumons s'échappe aussi bien par la cavité nasale que par la cavité buccale. (Les sons nasals s'opposent aux sons oraux.) Les sons nasals sont [ɛ̃], [œ̃], [ɑ̃], [ɔ̃], [n], [m], [ɲ] et [ŋ].

niveau de langue les différents registres d'une langue dont l'emploi est déterminé par des facteurs sociaux et culturels. Ex: la langue populaire; la langue familière; la langue argotique; la langue standard; la langue littéraire

non-voisé Voir consonne sourde, cordes vocales.

occlusive (ou explosive) consonne dans la production de laquelle le passage de l'air se ferme complètement pendant un moment et puis se rouvre pour permettre de finir la consonne. Les consonnes occlusives sont [p], [t], [k], [b], [d] et [g].

oral Un son est oral si l'air venant des poumons sort uniquement par la bouche. (Les sons oraux s'opposent aux sons nasals.) Ex: Les sons [i], [o], [p] et [b] sont oraux.

organe articulatoire (ou organe de la parole) organe employé dans l'articulation des sons de la langue; voir figure 1.1. Ex: les cordes vocales; la langue; les lèvres

palais organe articulatoire situé dans la bouche sur la mâchoire supérieure et formant une voûte

palais dur partie du palais située entre les alvéoles et le palais mou; voir figure 1.1.

palais mou (ou vélum) partie du palais située entre le palais dur et la luette; voir figure 1.1.

palatal adjectif employé pour décrire un son articulé par contact avec le palais dur. Les consonnes palatales en français sont [ŋ], [ʃ] et [ʒ].

pharynx passage situé entre la cavité orale et le larynx, où passe l'air dans la production des sons

postériorité se réfère au lieu d'articulation d'un son. Plus le point d'articulation est proche de la luette (et éloigné des lèvres), plus le son est postérieur. Ex: [k], articulé avec le dos de la langue contre le palais dur, est plus postérieur que [p], articulé avec les deux lèvres.

prosodie   éléments de la langue parlée qui sont au-delà du niveau des sons. Les traits prosodiques sont la joncture (dont l'enchaînement et la liaison sont les manifestations principales), le rythme, l'accent et l'intonation.

rythme   trait prosodique qui décrit la distribution des accents des syllabes d'un énoncé. Le rythme tient compte de la durée et de l'intensité du ton de chaque syllabe. Le français a un *rythme syllabique,* c'est-à-dire, un rythme mesuré, ayant une force égale sur toutes les syllabes excepté la dernière du groupe rythmique, qui est plus longue. L'anglais, par contre, a un *rythme accentuel,* déterminé par les accents à l'intérieur de la phrase, et donc marqué par une force inégale sur les syllabes.

sémantique   adjectif qui se réfère à la signification. Par exemple, la division sémantique est la division d'un énoncé en mots, ceux-ci ayant tous une signification.

semi-consonne   Voir semi-voyelle.

semi-voyelle (ou semi-consonne)   son dans l'articulation duquel le passage de l'air venant des poumons est plus fermé que pour les voyelles mais n'est toutefois ni obstrué ni étroitement fermé comme pour les consonnes. Les trois semi-voyelles [j], [ɥ] et [w] correspondent aux voyelles [i], [y] et [u].

série vocalique   série de voyelles orales d'apertures différentes mais identiques quant aux autres paramètres de l'articulation (antériorité dans la bouche et position des lèvres). Les trois séries vocaliques sont [i]-[e]-[ɛ]-[a], [y]-[ø]-[œ], [u]-[o]-[ɔ].

sonores   Voir consonnes sonores.

sonorité   trait qui, dans la description d'une consonne, indique que celle-ci est sourde ou bien sonore. Ex: [p] est sourde; [b] est sonore.

sourdes   Voir consonnes sourdes.

syllabation   division en syllabes d'un mot ou d'un mot phonétique

syllabe   unité à l'intérieur du mot ou du mot phonétique qui contient une seule voyelle et la consonne (ou groupe consonantique) qui la précède, et qui peut aussi inclure des semi-voyelles et la consonne (ou groupe de consonnes) qui suit la voyelle. Ex: Le mot «intercompréhensibilité» a neuf syllabes: [ɛ̃ tɛr kɔ̃ pre ɑ̃ si bi li te].

syllabe accentuée   Voir syllabe tonique.

syllabe fermée   syllabe dont le dernier son est une consonne. Ex: Charles [ʃarl]

syllabe inaccentuée   Voir syllabe prétonique.

syllabe ouverte   syllabe dont le dernier son est une voyelle. Ex: m*o*t [mo]

syllabe prétonique (ou syllabe inaccentuée)   syllabe qui ne porte pas l'accent tonique; c'est-à-dire, toutes les syllabes du mot ou du mot phonétique excepté la dernière, qui porte l'accent tonique. Ex: Les syllabes soulignées dans le mot suivant sont les syllabes prétoniques: sen-si-bi-li-té.

syllabe tonique (ou syllabe accentuée) syllabe qui porte l'accent tonique; c'est-à-dire, la dernière syllabe du mot ou du mot phonétique. Ex: La syllabe soulignée dans le mot suivant est la syllabe tonique: sen-si-bi-li-té.

syntaxe étude de l'énoncé au niveau du mot et de la phrase (à l'écrit) ou du groupe rythmique (à l'oral)

tension musculaire (pour les sons du français) contraction des muscles et maintien de cette tension pendant toute l'articulation du son

timbre qualité d'un son qui le distingue d'un autre son. Le son [o] est distingué du son [ɔ] par son timbre.

ton qualité de la voix qui correspond aux notes musicales de la gamme

transcription (phonétique) représentation des sons par des symboles phonétiques de l'alphabet phonétique international

uvula Voir luette.

uvulaire adjectif employé pour décrire un son articulé au niveau de la luette (l'uvula). Dans certaines dialectes non-standard du français, la consonne [r] est uvulaire.

vélaire adjectif employé pour décrire un son articulé au niveau du palais mou (le vélum). Les consonnes vélaires en français sont [k], [g], [ŋ] et [r].

vélum Voir palais mou.

voisé Voir consonne sonore, cordes vocales.

voyelle son dans l'articulation duquel l'air venant des poumons sort sans obstacle par la bouche (et aussi par le nez, dans le cas des voyelles nasales). Ex: [i]; [a]

voyelle antérieure voyelle qui est articulée dans la partie antérieure de la bouche; la partie antérieure de la langue se soulève vers le palais dur. Les voyelles antérieures sont [i], [e], [ɛ], [a], [y], [ø], [œ], [ə], [ɛ̃] et [œ̃].

voyelle arrondie voyelle dans la production de laquelle les lèvres sont arrondies. Les voyelles arrondies sont [y], [ø], [œ], [ə], [œ̃], [u], [o], [ɔ] et [ɔ̃].

voyelle d'aperture moyenne (ou voyelle moyenne) voyelle pour laquelle le passage de l'air est moins ouvert que pour les voyelles très ouvertes et moins fermé que pour les voyelles très fermées. Il en existe trois paires (fermée-ouverte): [e]-[ɛ], [ø]-[œ], [o]-[ɔ].

voyelle écartée voyelle dans la production de laquelle les lèvres ne sont pas arrondies. Les voyelles écartées sont [i], [e], [ɛ], [ɛ̃], [a], [ɑ] et [ɑ̃].

voyelle fermée   voyelle dans la production de laquelle le passage de l'air est plus fermé que pour les voyelles ouvertes mais moins fermé que pour les voyelles très fermées. Les voyelles fermées sont [e], [ø], [o] et [ɔ̃].

voyelle intermédiaire   son vocalique caractérisé par un degré d'aperture de la bouche plus petit que pour les voyelles ouvertes mais plus grand que pour les voyelles fermées. Les trois voyelles intermédiaires sont [E] (entre [e] et [ɛ]), [OE] (entre [ø] et [œ]) et [O] (entre [o] et [ɔ]).

voyelle moyenne   Voir voyelle d'aperture moyenne.

voyelle nasale   voyelle dans la production de laquelle l'air sort aussi bien par le nez que par la bouche. Les quatre voyelles nasales sont [ɛ̃], [œ̃], [ɑ̃] et [ɔ̃].

voyelle neutre   expression employée pour désigner une voyelle «centrale» en anglais, une voyelle dont l'articulation est proche de celle du *e muet*

voyelle orale   voyelle dans la production de laquelle l'air s'échappe uniquement par la bouche. Ex: [a], [o]

voyelle ouverte   voyelle dans la production de laquelle le passage de l'air est plus ouvert que pour les voyelles fermées mais moins ouvert que pour les voyelles très ouvertes. Les voyelles ouvertes sont [ɛ], [ɛ̃], [œ], [œ̃] et [ɔ].

voyelle postérieure   voyelle articulée dans la partie postérieure de la bouche; le dos de la langue se soulève vers le palais mou. Les voyelles postérieures sont [u], [o], [ɔ], [ɔ̃], [ɑ] et [ɑ̃].

voyelle prétonique   voyelle qui ne porte pas l'accent tonique; c'est-à-dire, toutes les voyelles à l'exception de celle qui se trouve dans la dernière syllabe du mot ou du mot phonétique

voyelle tonique   voyelle qui porte l'accent tonique; c'est-à-dire, la voyelle de la dernière syllabe du mot ou du mot phonétique

voyelle très fermée   voyelle dans la production de laquelle le passage de l'air est plus fermé que pour les voyelles fermées. Les voyelles très fermées sont [i], [y] et [u].

voyelle très ouverte   voyelle dans la production de laquelle le passage de l'air est plus ouvert que pour les voyelles ouvertes. Les voyelles très ouvertes sont [a], [ɑ] et [ɑ̃].

yod   la semi-voyelle [j]

Bibliographie

Études consultées (et lectures supplémentaires suggérées)

AVANT-PROPOS

La langue standard

Valdman, Albert. _Introduction to French Phonology and Morphology._ Rowley, MA: Newbury House, 1976, pp. 114–125.

CHAPITRE 1

Les symboles phonétiques

International Phonetic Association. _The Principles of the International Phonetic Association._ London: University College, 1975.

CHAPITRE 2

La joncture

Ozzello, Yvonne Rochette. "Le Coup de glotte et comment s'en débarrasser." _French Review_ 5 (April 1989): 831–842.

La syllabation

Kayne, Jonathan D., and Jean Lowenstamm. "De la syllabicité." In _Forme sonore du langage,_ edited by François Dell, D. Hirst, and J.-R. Vergnaud, pp. 135–139, 144–148. Paris: Hermann, 1984.

La liaison

Ashby, William. "French Liaison as a Sociolinguistic Phenomenon." In _Linguistic Symposium on Romance Languages_ 9, edited by William W. Cressey and Donna Jo Napoli, pp. 46–57. Washington, D.C.: Georgetown University Press, 1981.

Delattre, Pierre. "La Liaison en français, tendances et classification." In *Studies in French and Comparative Phonetics*, pp. 39–48. The Hague: Mouton, 1966.

——. "La Fréquence des liaisons facultatives en français." In *Studies in French and Comparative Phonetics*, pp. 49–54. The Hague: Mouton, 1966.

——. "Les Facteurs de la liaison facultative en français." In *Studies in French and Comparative Phonetics*, pp. 55–62. The Hague: Mouton, 1966.

Grundstrom, Allan W. *L'Analyse du français*. New York: UPA, 1983, pp. 83–91.

Malécot, André. *Introduction à la phonétique française*. The Hague: Mouton, 1977, pp. 32–37.

Valdman, Albert. *Introduction to French Phonology and Morphology*. Rowley, MA: Newbury House, 1976, pp. 97–111.

L'accent

Dell, François. "L'accentuation dans les phrases en français." In *Forme sonore du langage,* edited by François Dell, D. Hirst, and J.-R. Vergnaud, pp. 65–122. Paris: Hermann, 1984.

Grundstrom, Allan W. *L'Analyse du français*. New York: UPA, 1983, pp. 67–79.

Malécot, André. *Introduction à la phonétique française*. The Hague: Mouton, 1977, pp. 26–28.

L'intonation

Delattre, Pierre. *Comparing the Phonetic Features of English, French, German, and Spanish*. Heidelberg: Groos, 1965.

Malécot, André. *Introduction à la phonétique française*. The Hague: Mouton, 1977, pp. 20–26.

CHAPITRE 3

[a], [ɑ]

Bourciez, E., and J. Bourciez. *Phonétique française: Étude historique*. Paris: Klincksieck, 1967, p. 58.

Léon, Pierre. *Prononciation du français standard: Aide-mémoire d'orthoépie*. Paris: Didier, 1966, pp. 62–66.

Martinet, André. *La Prononciation du français contemporain*. Genève: Droz, 1971, pp. 71–78.

Les voyelles d'aperture moyenne

Casagrande, Jean. "La syllabe dans l'optique de la loi de position, ou procès et sentence de douteuses notions." *General Linguistics* 23 (1983): 246–264.

Dauses, August. *Études sur l'e instable dans le français familier.* Tübingen: Max Niemeyer Verlag, 1973, pp. 37–38.

Léon, Pierre. *Prononciation du français standard: Aide-mémoire d'orthoépie*. Paris: Didier, 1966, pp. 43–61.

Léon, Pierre, and Monique Léon. *Introduction à la phonétique corrective.* Paris: Hachette et Larousse, 1964, p. 62.

Martinet, André. *La Prononciation du français contemporain.* Genève: Droz, 1971, pp. 83–93, 113–142.

Valdman, Albert. "The 'loi de position' and the Direction of Phonological Change in the French Mid-vowel System." In *Contemporary Studies in Romance Linguistics,* edited by Margarita Suñer. Washington, D.C.: Georgetown University Press, 1978.

CHAPITRE 4

Les voyelles nasales

Grundstrom, Allan W. *L'Analyse du français.* New York: UPA, 1983, pp. 23–25.

Tranel, Bernard. *The Sounds of French.* Cambridge: Cambridge University Press, 1987, pp. 66–85.

CHAPITRE 5

Le e muet

Dauses, August. *Études sur l'e instable dans le français familier.* Tübingen: Max Niemeyer Verlag, 1973.

Delattre, Pierre. "Le jeu de l'e instable initial en français" and "Le jeu de l'e instable de monosyllabe initial en français." In *Studies in French and Comparative Phonetics,* pp. 17–27, 28–35. The Hague: Mouton, 1966.

Grundstrom, Allan W. *L'Analyse du français.* New York: UPA, 1983, pp. 95–103.

Léon, Pierre. "Apparition, maintien et chute du E caduc." *La Linguistique* 2 (1966): 111–122.

——. *Prononciation du français standard: Aide-mémoire d'orthoépie.* Paris: Didier, 1966, pp. 66–73.

Malécot, André. *Introduction à la phonétique française.* The Hague: Mouton, 1977, pp. 28–32.

Martinet, André. *La Prononciation du français contemporain.* Genève: Droz, 1971, pp. 39–63.

Valdman, Albert. *Introduction to French Phonology and Morphology.* Rowley, MA: Newbury House, 1976, pp. 114–125.

CHAPITRE 6

Les semi-voyelles

Grundstrom, Allan W. *L'Analyse du français.* New York: UPA, 1983, pp. 50–54.

Kayne, Jonathan D., and Jean Lowenstamm. "De la syllabicité." In *Forme sonore du langage,* edited by François Dell, D. Hirst, and J.-R. Vergnaud, pp. 135–139, 144–148. Paris: Hermann, 1984.

Lombard, A. *Le rôle des semi-voyelles et leur concurrence avec les voyelles correspondantes dans la prononciation parisienne.* Paris: Lund, 1964.

CHAPITRE 7

Les consonnes

Léon, Pierre. *Prononciation du français standard: Aide-mémoire d'orthoépie*. Paris:
    Didier, 1966, pp. 74–117.
Malécot, André. *Introduction à la phonétique française*. The Hague: Mouton, 1977,
    pp. 9–16.

Index